福建省十三五教育规划课题
"幼儿园足球游戏的开发与实践研究"的研究成果
项目编号：2019XB0937

幼儿园足球游戏的设计与组织

郭冰清 ◎ 主编

海峡出版发行集团 | 福建教育出版社

《幼儿园足球游戏的设计与组织》编委会

主　　编：郭冰清

副 主 编：邱莉陵　林晖燕

编写人员：傅新新　庄君君　胡静芳　王晖霞　卢柏灵
　　　　　林晓燕　吴铷丽　陈翠婷

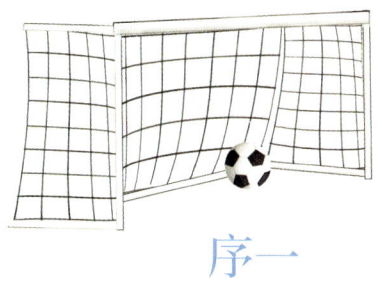

序一

我很高兴读到泉州市鲤城区第二幼儿园编写的《幼儿园足球游戏的设计与组织》一书。鲤城二幼的园长与教师们乐于学习、敏于实践、勤于思考、勇于创新的研究精神让我感动。作为全国足球特色幼儿园，他们准确把握时代教育脉搏，专注探索足球运动与幼儿园教育的有机融合之径，在实践中不断研究、探索、创新，开发了富有实践价值和推广价值的足球游戏课程，敢作敢为，成绩显著，让我钦佩。总览全书，该书在内容编排上逻辑清晰，架构合理，凸显了以下三个特点。

一是诠释了"儿童本位"的深刻内涵，体现适宜性。整个足球游戏课程的架构，充分体现了基于儿童、发展儿童的教育理念。每一个足球游戏的设计都以儿童的兴趣和需要为出发点，以儿童的身心健康发展为落脚点，遵循儿童动作发展规律，分层定位足球游戏目标；顺应儿童的学习特点与方式，将足球技能学习与多样的趣味游戏巧妙融合；准确把握儿童能力水平，探索将足球技能化难为易、化繁为简、化抽象为具象的多样指导策略，妥善处理好足球运动难度、运动强度与幼儿能力水平的相适应性问题，深刻地诠释了"儿童本位"的理念内涵。

二是着眼于儿童的长远发展，体现整体性。本书在目标的定位、组织形式设计上都充分关注儿童发展的整体性。在目标定位上，以足球启蒙教育为基点，着眼于儿童的长远发展，不片面追求足球技能的学习与训练，更关注兴趣的激发、团队意识的树立，以及不怕困难、勇于挑战、团结协作等良好社会品质的培养。在组织形式设计上注重与幼儿园其他教育形式如区域活动、户外活动、自由活动等的多方整合，为儿童提供了一个开放和丰富的足球世界，以促进儿童在多形式的足球游戏中积累丰富多元的足球经验，获得整体性发展。

三是解答了诸多教学实践问题，体现推广性。该书分为四大板块，第一、二、三大板块分别从小、中、大班三个年龄段幼儿身心发展特点切入，阐述了三个年龄段足球游戏目标、内容及设计要求，呈现了与三个年龄段幼儿能力水平相适宜的系列足球游戏案例，解答了一线教师关于"如何将足球运动与幼儿教育有机融合""如何以游戏为基本形式设计足球活动""如何采用与幼儿学习特点相适宜的策略组织足球游戏"等诸多教学实践困惑；第四大板块则是从家园协同、亲子共乐的角度呈现了小、中、大班系列亲子足球游戏案例，解答了一线教师关于"幼儿园足球游戏中如何引进家长资源""怎样设计与组织亲子足球游戏"等问题，具有很强的推广价值。相信此书的出版，必将成为广大幼儿教师行足球特色课程之径的重要抓手，为各个足球特色幼儿园提供一个可借鉴的实践蓝本。

研究过程是艰辛的，但研究成果是丰硕的。《幼儿园足球游戏的设计与组织》一书，既凝聚了鲤城二幼足球课题组所有教师的实践智慧和育人情怀，又体现与见证了教师的专业成长。相信这群孜孜不倦的幼教工作者能继续保持这种朝气蓬勃、勇于进取、潜心教研的专业风貌，在研究兴园的道路上站得更高，行得更远。

华南师范大学教科院教授、博导

2020 年 4 月

序二

党的十八大以来，以习近平同志为核心的党中央全力推进足球运动的改革与发展，足球运动的整体面貌正在发生积极的变化。近年来，国务院办公厅、教育部相继印发了《中国足球改革发展总体方案》《关于加快发展青少年校园足球的实施意见》等一系列指导文件，明确了校园足球的总体要求。2019年3月22日，教育部办公厅印发《关于开展足球特色幼儿园试点工作的通知》，决定从2019年起开展足球特色幼儿园试点工作，提出"坚持以游戏为基本活动，珍视幼儿游戏活动的独特价值"等试点原则，以及"设计一批符合幼儿身心特点的足球游戏活动，丰富游戏资源"等任务要求。在这样的时代背景下，越来越多的足球教练、教育专家和一线教师逐渐加入幼儿园足球游戏课程的研讨和实践。

泉州市鲤城区第二幼儿园作为全国首批足球特色幼儿园，一直十分重视幼儿足球的发展，他们编写了《幼儿园足球游戏的设计与组织》，我作为一名幼儿足球工作者，对该书中幼儿足球教育的创新点感到十分欣喜。该书遵循理论和实践相结合的研究方法，用图文、视频等方式，生动呈现了与小、中、大班三个年龄段幼儿能力水平相适宜的系列化足球游戏案例，介绍了化难为易、化繁为简、化抽象为具象的足球技能，提出了符合幼儿学习特点的多样指导策略，创新了集趣味性、自主性与发展性为一体的多元足球活动组织形式，为幼儿园教师提供了系统的、具体的、可操作性强的足球游戏课程参考，也为幼儿园开展足球游戏提供了有益的启示。这是一个相当可喜的研究成果，有着较高的实践指导价值。

此外，该书依据《幼儿园教育指导纲要》《3~6岁儿童学习与发展指南》和《全国足球特色幼儿园游戏活动指南》，把握幼儿成长规律和足球运动规律两个要素，秉承"尊重规律、激发兴趣、科学融合、立足长远"的足球教育理念，遵循趣味性、适宜性、融合性、发展性等原则，以足球为载体，以游戏为基本形式，致力于探索足球运动与幼儿园教育有机融合之径，从幼儿动作发展特点、生理特点、游戏特点入手，寻求"足球技能""游戏""幼儿"三者之间的最佳融合点，形成一个个幼儿乐玩爱玩、普及性的足球游戏，内容涵盖足球动作游戏、足球知识游戏、足球规则游戏、足球区域游戏等。

我对泉州市鲤城区第二幼儿园印象深刻，园里的教师们敏锐地把握足球运动对幼儿成长的重要价值，以两个省级课题研讨为依托，长期致力于幼儿园游戏化足球课程的探索与实践，获得了幼儿足球教育发展的宝贵经验。在小班，他们用纸盒、方形泡沫等不易滚动的物品替代足球，设计了一系列替代物游戏，有效地提高了幼儿动作学习的质量；在中班，他们创设了多种类型的游戏组合模式，使幼儿通过合作，更多地体验足球带来的成功；在大班，他们有目的地引入足球游戏，渗透足球技能，鼓励幼儿在区域中自主筹备足球联赛，使幼儿在趣味足球游戏挑战中获得多种能力的发展。与此同时，他们不断挖掘家长资源，在小、中、大班三个年龄段开展亲子足球游戏，积累了亲子足球游戏的设计、组织、指导经验，扩充了足球游戏课程体系。虽然是摸索前行，但他们的研究成果具有相当的创新性。

"足球从娃娃抓起"，只有更多的幼儿从足球游戏中享受到快乐，体验到乐趣，他们才有可能对足球产生持续一生的兴趣和向往，中国足球才能得以腾飞，中国人的足球梦才能得以实现。在此，衷心祝愿本书能为幼儿足球教育添砖加瓦，在体育强国建设中发挥更为积极的作用！

全国幼儿足球专家委员会委员、中国足球协会教练员讲师、
福建师范大学体育科学学院球类III教研室副主任 李斌
2020年4月

前言　绿茵逐梦　游戏同行　/ 1

小班足球游戏 / 9

知识游戏

游戏一　欣赏足球表演　/ 13

游戏二　足球宝宝真有趣　/ 14

游戏三　找位置　/ 15

游戏四　我的球服　/ 16

游戏五　欣赏足球赛　/ 17

动作游戏

游戏一　碰一碰　/ 19

游戏二　扑蝴蝶　/ 20

游戏三　踩泡泡　/ 21

游戏四　跳轮胎　/ 22

游戏五　夹娃娃　/ 24

游戏六　小白兔送礼物　/ 25

游戏七　推土机　/ 26

游戏八　刨地瓜　/ 27

游戏九　炒豆　/ 29

游戏十　让足球欢笑　/ 30

游戏十一　踢大球　/ 31

游戏十二　敲门铃　/ 32

游戏十三　发射导弹　/ 33

游戏十四　扫雷小能手　/ 35

游戏十五　扫地　/ 36

游戏十六　赶小猪　/ 37

游戏十七　穿越森林　/ 38

中班足球游戏 / 41

动作游戏

游戏一　小鼓响咚咚　/ 45
游戏二　小猴运西瓜　/ 46
游戏三　有趣的钟摆　/ 47
游戏四　企鹅摇摆　/ 48
游戏五　螃蟹走　/ 50
游戏六　倒车入库　/ 51
游戏七　木头人　/ 52
游戏八　小司机　/ 53
游戏九　小小快递员　/ 55
游戏十　躲避大灰狼　/ 56
游戏十一　多人传球　/ 58
游戏十二　泡泡龙　/ 59
游戏十三　碰碰球　/ 60
游戏十四　小松鼠运松果　/ 61
游戏十五　点球大赛　/ 63

游戏十六　打败猛兽　/ 64

规则游戏

游戏一　我是小裁判　/ 66
游戏二　抢占地盘　/ 67
游戏三　小小记分员　/ 68
游戏四　找足球　/ 69
游戏五　界外球　/ 70

知识游戏

游戏一　我喜爱的球队　/ 72
游戏二　开球先锋　/ 73
游戏三　大力水手　/ 74
游戏四　球门球　/ 76
游戏五　角球　/ 77

大班足球游戏 / 79

动作游戏

游戏一　躲避螺旋桨　/ 83

游戏二　打倒怪兽　/ 84	游戏二十　抢球回家　/ 107
游戏三　两人三足　/ 85	**规则游戏**
游戏四　射门挑战赛　/ 86	游戏一　叫号接球　/ 109
游戏五　九宫格　/ 87	游戏二　炸碉堡　/ 110
游戏六　老狼老狼几点钟　/ 89	游戏三　角球大战　/ 112
游戏七　守护足球　/ 90	游戏四　足球突击　/ 113
游戏八　小小战术员　/ 91	游戏五　排兵布阵　/ 114
游戏九　蟒蛇穿树林　/ 93	游戏六　最佳进攻路线　/ 115
游戏十　小鱼捕食　/ 94	**知识游戏**
游戏十一　翻盘游戏　/ 95	游戏一　入场仪式和颁奖典礼　/ 117
游戏十二　贪吃蛇　/ 96	游戏二　著名球队、球星　/ 118
游戏十三　冲过火力网　/ 98	游戏三　我和球星交朋友　/ 119
游戏十四　传送带　/ 99	游戏四　罚球竞答赛　/ 120
游戏十五　赛车接力　/ 101	游戏五　听辨口哨声　/ 122
游戏十六　螃蟹抓鱼　/ 102	**区域游戏**
游戏十七　黑衣人　/ 103	项目式区域游戏：
游戏十八　穿越迷宫　/ 104	我的足球赛我做主　/ 124
游戏十九　抢占逃生洞　/ 106	

亲子足球游戏 / 133

小班亲子游戏

游戏一　碰碰车　/ 137

游戏二　伞下顶球　/ 138

游戏三　蚂蚁搬豆　/ 139

游戏四　寻找宝藏　/ 141

中班亲子游戏

游戏一　包饺子　/ 143

游戏二　袋鼠一家去旅游　/ 144

游戏三　快乐保龄球　/ 146

游戏四　人形盾牌　/ 147

大班亲子游戏

游戏一　企鹅运输队　/ 149

游戏二　森林围猎　/ 150

游戏三　搬家　/ 152

游戏四　闯关过龙门　/ 153

前言

绿茵逐梦　游戏同行

　　足球走进幼儿园成为新时代幼儿教育的一股热潮，泉州市鲤城区第二幼儿园作为"全国足球特色幼儿园"，在教育部办公厅《关于开展足球特色幼儿园试点工作的通知》（以下简称《通知》）精神的引领下，率先致力于幼儿园足球游戏开发与设计的实践探索，从儿童立场出发，遵循儿童身心发展规律，顺应儿童游戏天性，把握儿童实际能力水平，致力于开发与儿童身心发展规律和学习方式特点相适宜的幼儿园足球游戏课程，将儿童带入丰富多彩的足球游戏世界，让他们在玩中学、学中玩，从小接触足球、了解足球、喜欢足球，在快乐游戏中享受足球运动的乐趣，增强体质，健全人格，锤炼意志，并在与相关学科的整合中，获得多方面能力的发展。

一、足球游戏课程的理念

　　我园始终秉承以"顺应天性、尊重规律、科学融合、立足长远"为课程开发理念，遵循趣味性、适宜性、融合性、发展性等原则，大胆探索创新，行足球特色之路。

（一）凸显足球游戏的趣味性

　　《3～6岁儿童学习与发展指南》（以下简称《指南》）在实施原则中强调，"理解幼儿的学习方式和特点。幼儿的学习是以直接经验为基础，在游戏和日常生活中进行的。要珍视游戏和生活的独特价值"。幼儿具体形象性的思维特

点也决定了游戏是其最主要的学习方式,就是在玩中学、学中玩,在游戏中获得发展。因而,幼儿园足球游戏要注重趣味性,将玩球与生活中的各种游戏有机融合,让幼儿喜欢足球。

(二)强调足球游戏的适宜性

幼儿身心发展、体力、耐力及能力和成人不同,有其独特的年龄特点和规律,将足球游戏引进幼儿园,应充分考虑到运动难度、运动强度等要与幼儿能力水平相适应,应根据幼儿年龄特点,对足球活动的目标、内容、方式进行变革和创新,以由易到难、小步递进的形式开展足球游戏。

(三)注重足球游戏的融合性

《指南》在实施原则中强调,"关注幼儿学习与发展的整体性。儿童的发展是一个整体,要注重领域之间、目标之间的相互渗透和整合,促进幼儿身心全面协调发展"。因此,把足球游戏引进幼儿园,不应片面地将其割裂成一个单一的运动项目,而应该以大课程观对其进行统整,将之与幼儿园的其他教育形式如主题教学、区域活动、户外活动、领域活动等进行融合,在目标和内容上相互融合,以促进幼儿在整合性的足球活动中积累丰富多元的相关经验,获得整体性发展。

(四)着眼足球游戏的发展性

《通知》强调幼儿园足球活动应"公益普惠,立足长远"。幼儿园教师要意识到幼儿园足球运动是启蒙活动,其目标不在于培养足球明星,应以培养兴趣、增强体质为主,并充分挖掘足球运动的多元价值,使幼儿在心理、智能、文化、品质等方面获得发展,如热爱运动、团结协作、敢于拼搏、勇于向上、不怕困难等,以之作为幼儿园足球游戏课程的总目标,为儿童长远乃至终身的学习与发展奠定良好的基础。

二、足球游戏课程的开发与设计

(一)遵循儿童动作发展规律,准确定位足球游戏目标

学前儿童身体与动作尚处于发展期,小、中、大班不同年龄段的幼儿在

动作发展方面具有不同的特点和关键期。而足球运动作为一项独立的体育活动，有其独有的专业性，其动作技术性强，包含踩球、控球、运球、传球、拉球、脚正面踢球、脚内侧踢球、脚内侧停球、脚内侧运球、大腿颠球、射门综合练习、足球对抗练习等。这一系列技术动作从运动部位可分为身体大动作和足部精细动作，从动作机能可分为身体平衡类、动作协调类、灵活躲闪类、腿部力量类、身体耐力类等。各种动作难度不同，适宜练习的年龄段也不同。本书中足球游戏目标的设置强调与三个年龄段幼儿相适宜，将一系列的足球动作按照难易程度划分出三个层次，并对应小、中、大班三个年龄段幼儿的动作发展水平及规律，将之逐一分解、细化，准确进行目标定位，为三个年龄段幼儿制订了由浅入深、由易到难的足球游戏目标。这些目标既符合儿童的动作发展水平，又具有一定的挑战性；既符合儿童的学习特点，又能促进其专业足球技能的提高。

1. 小班：促进平衡与协调能力发展。

小班幼儿身体机能和神经系统处于不断发育的阶段，可以完成需要平衡感的动作，能沿直线或在较窄的低矮物体上走一段距离，能平稳地连续向前跳等，但是动作的协调性还较差。遵循小班幼儿动作发展特点，其适宜的足球游戏目标定位于身体平衡与协调能力发展，具体分解为：脚掌踩球与控球、大腿颠球等原地大动作练习；简单路线的行进运球；等等。如：小班足球游戏"跳轮胎"的目标定位是"能双脚交替踩球，提高身体的平衡性"。教师依此目标设计游戏：用轮胎替换足球，让幼儿随着音乐有节奏地踩跳轮胎，并根据幼儿对目标达成的程度灵活变化音乐速度，让幼儿或快或慢地学习控制踩跳，提高身体的平衡性和协调性。

2. 中班：提高动作灵活性和敏捷性。

中班幼儿动作稳定性和协调性逐渐增强，基本动作较为灵活，不但可以自如地跑、跳、攀登，而且可以单足站立，能助跑跨跳过一定距离或高度的物体，能与他人玩追逐、躲闪跑的游戏等。因此，中班幼儿的足球游戏目标定位于提高幼儿动作灵敏度和躲闪能力，具体分解为脚正面踢球、脚内侧踢球、脚内侧停球、脚内侧运球等足部精细动作练习等。如：中班足球游戏"泡泡龙"的目标定位是"能动作灵敏地用脚背或脚弓击中指定目标,并能根据情况灵活作出反应"。教师依此目标设计游戏:让幼儿当"发射器"相互配合,根据场地内"泡泡灯"的位置,灵活地用脚背或脚弓传接球,向"泡泡灯"连环发射,伺机击中。

3. 大班:增强腿部力量与身体耐力。

大班幼儿的基本动作已逐渐趋于稳定平衡,能单脚连续向前跳8米左右,快速跑25米左右,行走1.5千米以上,双手抓杠悬空吊起20秒左右,及连续跳绳,等等,还可以做一些比较复杂的技巧性运动。因此,大班幼儿的足球游戏目标定位于增强腿部力量和身体耐力,具体分解为转向运球、多向传球、射门综合练习、足球对抗练习等。如:大班足球游戏"九宫格"的目标定位是"提高射门的远度、高度和准确度,增强其腿部力量和爆发力"。教师依此目标设计游戏:在场地上设置九宫格,格子上贴上计分数字,幼儿立于距九宫格5米处的红线后,助跑将球踢入九宫格内。每个幼儿有5次射门机会,累计5次射门得分,分数最高的夺得球王桂冠。

(二)顺应儿童游戏天性,开发多样的足球游戏内容

我园顺应儿童的游戏天性,从幼儿的生活经验中寻求游戏素材,将足球运动与幼儿喜闻乐见的游戏有机融合,通过巧妙的改编,开发多样化的足球游戏内容。

1. 与动画情境融合的足球游戏。

动画片以奇幻的情境、生动有趣的情节,以及个性鲜明的角色特征,深受孩子们喜爱。我园择取一系列有趣的动画情境与足球运动巧妙融合,设计开发足球游戏内容,让幼儿在动画角色扮演中,在形象生动的动画情境中玩球、踢球。以"大力水手"为例,我们借助大力水手力量大的角色特点,启发幼儿展开和力量比拼相关的掷界外球游戏:幼儿扮演大力水手,在场地边线外轮流掷球,掷得越远,得分越高,多轮比赛后得分最高的当选"大力水手",并获取"水手帽"奖品。喜爱的角色、有趣的情节,极大地激发了幼儿的玩球兴趣和潜能。

2. 与民间游戏融合的足球游戏。

儿童是伴随着诸多有趣的民间游戏成长的,这些民间游戏玩法简单,具有浓厚的趣味性和娱乐性,我园将这些经典民间游戏与足球游戏巧妙融合,对游戏玩法进行变革和创新,这样既给幼儿带来不一样的玩球体验,同时又让幼儿获得了粗浅的足球动作技能。如:民间游戏"我们都是木头人"中有着走走停停的运动,我们将之与控球、停球动作进行有机结合,设计成中班足球游戏"木头人",幼儿进行带球游戏,当听到"不许动"时,幼儿必须立刻停球控球,以控球速度最快最稳者为胜。在快乐的游戏中,幼儿的踩球技巧、控球速度以及反应的灵敏度都得到了提高。

3. 与网络游戏融合的足球游戏。

一些富有时代色彩的网络游戏是幼儿喜闻乐见的,其游戏情节往往带有浓烈的对抗色彩。我们尝试选择一些健康有趣的游戏内容和情节,将之设计成富有挑战性的足球游戏。以大班足球游戏"螃蟹抓鱼"为例,我们择取"捕鱼达人"网络游戏中"多方位追捕"的游戏要素,把变向运球技能融入其中,一部分幼儿扮演小鱼运送鱼食(足球),一部分幼儿扮演螃蟹,双脚做大钳子,以坐爬姿势拦截抢夺鱼食,小鱼边观察螃蟹的动向边运球灵活躲闪,在紧张刺激的游戏中既获得了快乐的玩球体验,又提高了变向运球的能力。

再如:小班足球游戏"扫雷小能手",借鉴"扫雷"手机游戏情节,将脚弓踢球动作要领融入其中,把足球当成地雷,幼儿对准地雷提膝外展,大腿向前摆动,用力踢出,将地雷扫除,在游戏中既掌握了脚弓踢球的动作要领,又增强了球感。

4. 与生活情境融合的足球游戏。

中班幼儿处于象征性游戏的高峰期,其游戏心理仍然具有假想性特点,更喜欢置身于某一假想的生活情境中开展游戏,其游戏情节也更加丰富。如商场、游乐场、快递公司、旅行社、角色体验馆等等,我们将这些贴近幼儿生活的情境融入足球游戏设计,开发出一些情景模拟游戏,巧妙地将足球动作学习有机融合到各个情境中,让幼儿在生动有趣的情境中玩中学、学中玩。以中班足球游戏"小小快递员"为例,把快递公司的派件情境融入到游戏中,创设了"丰巢柜"游戏场景,幼儿扮演快递员,用足球替代快件,用脚弓运球将快件派送到丰巢柜。之后进一步融入"限时速递"情节,快递员跑动用脚弓运球派送快件,比比规定时间内谁送的快递多。在紧张刺激的情景模拟游戏中,幼儿学习了走动和跑动脚弓运球、快速停球等一系列足球基本动作。

5. 与音乐游戏融合的足球游戏。

音乐游戏是音乐与动作相结合的游戏活动,有明显的娱乐性、趣味性,深受幼儿喜爱。我们将音乐游戏和足球游戏有机整合,让幼儿听辨不同旋律、节奏、力度、速度的音乐变化,灵活变换玩球方法,在快乐的足球游戏中学习足球动作技能。以大班足球游戏"抢球回家"为例,融合音乐游戏"开始和停止"情节,两名幼儿相互抢球,音乐停止时,抢到球的为胜;游戏升级,抢到球的幼儿在音乐停止后边躲避追击边快速转身,运球回家。

(三)把握儿童社会发展水平,设计适宜的足球游戏形式

足球是一种团体运动,幼儿在参与足球运动的过程中需要与同伴进行合作,在团队合作中形成团体意识和集体观念,这对幼儿的社会交往水平提出了较高的要求。不同年龄段的学前儿童其社会发展水平也存在较大的差异,我们准确把握这一差异性,设计出适宜不同年龄段幼儿的游戏形式,满足小、中、大班幼儿不同的学习发展需求。

1. 小班:平行闯关式游戏。

小班幼儿年龄小,社会行为经验缺乏,合作性水平比较低,游戏大多数是以单独游戏和平行游戏为主。因此,小班足球游戏适宜采用平行闯关的游戏形式,将足球动作技能的学习融入各个关卡中,让幼儿在平行的闯关游戏中玩球、踢球、赛球。以小班足球游戏"发射导弹"为例,游戏以平行闯关的形式进行。第1关:"原地发射纸筒导弹"游戏,幼儿进入导弹基地,用脚背踢飞纸筒导弹;第2关:"助跑发射足球导弹"游戏,幼儿从距基地两米线处向前助跑,用正脚背将塔架上的导弹(足球)踢出;第3关:"导弹发射PK赛",幼儿须助跑进入基地发射导弹(足球),比比谁的导弹射程远。平行闯关式游戏为每个幼儿都提供了独立练习的机会,让每个幼儿都能在游戏中获得成功

体验。

2. 中班：两两联合式游戏。

中班幼儿的社会发展水平有所发展，他们已不再满足于自己玩，而是开始喜欢找同伴一起玩，有着强烈的交往需求，他们的联合性游戏逐渐增多，开始萌发合作的意识，但是分工、协商、合作能力还比较弱。因此，中班足球游戏适宜采用两两组队的游戏形式，让幼儿两两联合，或合力对抗，或合力完成某一任务，在联合性的游戏中习得足球动作技能，同时，发展社会交往能力。以中班足球游戏"多人传球"为例，幼儿分两排站立，分成蓝、红、绿三队，同心合力将同队的球传向终点的同时，不断调整运、接球方向和力度，逐步提高配合效率。

3. 大班：团队合作式游戏。

大班幼儿合作意识逐渐增强，并开始学会与同伴协商、分工、合作进行游戏，有一定的合作能力。因此，大班足球游戏适宜采用团队合作的游戏形式，巧妙设计蕴含战术配合的游戏情节，让团队中的幼儿在战术配合中传球、运球、接球、射门，在协作比赛中树立团队意识，培养合作精神，发展合作能力。以大班足球游戏"贪吃蛇"为例，幼儿分成两组进行团队运球接龙竞赛。游戏开始，1号幼儿当蛇头站在球场中间，2、3、4、5号幼儿分散站在球场四周，1号蛇头发球给2号，2号迅速接球行进运球给3号，以此类推进行团队运球接龙，最后由5号幼儿射门，将球踢进球门。在激烈的竞赛中，幼儿自然而然地形成了团队意识，各组幼儿相互合作，默契配合，既培养了团队精神，又提高了战术配合能力。

本书是我园足球游戏课程开发的阶段性成果，凝聚了足球课题组全体成员的实践智慧，期望此书的出版能帮助一线幼儿教师解决幼儿园足球游戏设计缺乏目的性、连续性、整体性、系统性的问题，能充分发挥其实践性和推广性作用，为全国各地足球特色幼儿园创建提供借鉴蓝本。未来，我们将进一步在学习、实践、反思、研究四者的结合点上，不断探索创新，力求打造出独具课程领导力的全国足球特色幼儿园品牌！

小班足球游戏

一、小班幼儿身心发展特点

动作发展目标

目标一：具有一定的平衡能力，动作协调、灵敏。

1. 能沿地面直线或在较窄的低矮物体上走一段距离。
2. 能双脚灵活交替上下楼梯。
3. 能身体平稳地双脚连续向前跳。
4. 分散跑时能躲避他人的碰撞。
5. 能双手向上抛球。

目标二：具有一定的力量和耐力。

1. 能双手抓杠悬空吊起 10 秒左右。
2. 能单手将沙包向前投掷 2 米左右。
3. 能单脚连续向前跳 2 米左右。
4. 能快跑 15 米左右。
5. 能行走 1 千米左右（途中可适当停歇）。

目标三：手的动作灵活协调。

1. 能用笔涂涂画画。
2. 能熟练地用勺子吃饭。
3. 能用剪刀沿直线剪，边线基本吻合。

心理发展特点

小班幼儿生活范围扩大，接触到比较多的成人和同龄人，逐渐学会最初的生活自理。他们逐渐认同、接纳同伴与教师，并愿意共同游戏，人际交往能力迅速发展。他们喜欢模仿，游戏中常常不自觉地模仿教师和同伴的言行，思维具体直接，认识依靠行动，仍以无意注意为主，注意力时间短且易转移，容易被一些色彩鲜明和形象生动的物体所吸引，情绪容易激动，调控力弱。

游戏特点

小班幼儿处于平行游戏的高峰期,喜欢和同伴玩相同的游戏,喜欢充当角色或平行充当同一角色,喜欢重复性的活动和动作,游戏的表现欲强,但能力较弱,对游戏材料和环境依赖性比较强。同时,他们也处于象征性游戏初期,游戏内容和情节都比较简单,而且游戏主题不稳定,容易随外部条件和自己情绪的变化而改变。受思维水平的限制,他们对游戏规则的理解较差,自我控制的能力较低,但在和同伴的共同游戏中,思维、想象和社会交往能力都能得到一定的发展。

二、小班足球游戏的目标、内容、设计要求

目 标

1. 愿意和同伴一起参与足球游戏,体验足球带来的乐趣,萌发对足球运动的兴趣。

2. 喜欢参与用替代物玩球等简单的足球游戏,感受足球特性,积累球感。

3. 能了解简单的足球知识,并在教师的提示下能遵守简单的游戏规则,情绪稳定地参与足球活动。

4. 在教师的帮助下能穿脱球服、球袜,佩戴保护装备。

5. 在教师的提醒下能注意安全,在足球游戏中能躲避他人的碰撞。

内 容

1. 认识足球,欣赏多样的足球活动。

2. 了解球场、球员、球服等和足球有关的简单知识。

3. 在夹物行进等游戏中,锻炼下肢力量。

4. 在游戏中学习触球、踩球、夹球跳、脚背踢球、脚弓踢球等简单的足球动作。

设计要求

小班足球游戏的设计应以培养兴趣为主,从欣赏成人和哥哥姐姐的足球活动开始,感受足球运动的有趣。同时,在家长和教师的带领下,让幼儿玩一些规则少、难度小、有一定情景创设的足球游戏。通过快乐的玩球体验,鼓励幼儿学习触球、踩球、夹球,以及脚背或脚弓踢球等简单的基本动作,培养球感。

由于小班幼儿的神经系统对肌肉活动的控制和调节能力较弱,因此,依据足球基本动作,尝试用纸盒、方形泡沫等不易滚动的物品替代足球,设计一些替代物游戏,如:把脚弓踢球改为踢纸盒,把双脚交替踩球改为踩轮胎,把脚背踢球改为脚背踢大球……逐步提高幼儿对滚动中的足球的控制能力,让幼儿更多地获得成功体验,循序渐进地积累球感,并学会在游戏中遵守一定的规则。

知识游戏

游戏一 欣赏足球表演

活动目标

感受足球活动的有趣，萌发对足球运动的兴趣。

活动准备

人手一个足球，动感音乐。

活动过程

1. 教师表演花式球技，让幼儿欣赏，引导幼儿交流：老师是怎么玩球的？

2. 让幼儿再次欣赏表演并讨论：老师做了哪些足球动作？鼓励幼儿自由选择喜欢的足球动作尝试模仿。

3. 教师带领幼儿玩"抢球"游戏。教师带球跑动，灵活变换拨球、拉球、扣球等动作，鼓励幼儿大胆追逐、堵击，将球踢出场地。

活动建议

教师可借助家长资源，尽可能多地为幼儿提供感受足球的条件和机会，激发幼儿对足球运动的兴趣。如：实地观看足球赛，玩亲子足球游戏，球迷爸爸讲故事，等等。

游戏二 足球宝宝真有趣

活动目标

1. 认识足球,知道足球运动是球类运动的一种。
2. 感受足球滚动、弹跳的特性,喜欢参与足球游戏。

活动准备

1. 足球、篮球、排球若干。
2. 创设"球宝宝的家"场景。

活动过程

1. "球宝宝分家"游戏:让幼儿通过看一看、摸一摸、玩一玩,为场地上的足球、篮球、排球分家,学会辨别足球的外形特征。

2. 启发幼儿讨论:除了用脚踢,还有什么方法可以让足球滚动、弹跳?

3. 鼓励幼儿根据讨论内容自由尝试,探索让足球滚动、弹跳的方法。如肩膀触球、背部触球、腿部触球、用脚勾球等。

4. 花样玩球展示台:创设展示台,引导幼儿分享更多创意玩球方法,进一步体验玩球的乐趣。

活动建议

教师可以将足球投放在户外活动、区域游戏中,借助纸箱、呼啦圈、数字卡片等辅助材料，鼓励幼儿自由创编更多样的玩球方法，如斜坡踢球、球儿进洞等，让幼儿体验玩球的乐趣；还可以鼓励家长和幼儿玩亲子足球游戏，如亲子传接球、与足球赛跑、亲子夹足球等。

游戏三　找位置

认识足球场，了解中圈、边线、球门区等位置。

活动准备

球场示意图若干，球员玩偶若干。

1. 教师引导幼儿自由观察足球场，找找足球场画线的地方。

2. 邀请大班小朋友当小导游，带领小班弟弟妹妹认识球场各个位置并介绍其名称及功能。如：球场中间的圆圈叫中圈，是开球的地方。

3. 开展大带小"找位置"游戏，让幼儿进一步认识足球场。

（1）听指令找位置。教师发出位置指令，大班小朋友带领弟弟妹妹一起寻找球场位置，帮助他们明确中圈、边线、球门区等具体位置。

（2）看示意图找位置。教师启发小班幼儿看示意图为球员玩偶找到

球场的对应位置，如中圈、边线、球门区等，邀请大班小朋友验证、奖励。

 **活动建议**

教师可以在区域中提供足球场的底板及球员玩偶，让幼儿玩"球员找位置"操作游戏；还可以提供儿童桌面足球机等玩具，让幼儿通过游戏巩固认识足球场。

游戏四　我的球服

 **活动目标**

认识球服和保护装备，并在教师的帮助下学会穿脱、佩戴。

活动准备

篮球、足球等球服若干，球鞋、护腿板等足球装备，颁奖音乐。

活动过程

1. "找足球服"游戏：幼儿在看一看、摸一摸、分一分中，初步认识足球服。

2. 让幼儿讨论：除了球服，足球运动员还需要哪些装备？指导幼儿了解球鞋、护脚板等装备的功用。

3. 幼儿学习穿戴球服、保护装备，学当足球队员，进入足球场。

4. 颁奖典礼：创设颁奖典礼的情景，播放颁奖音乐，在握手、领奖、合影等游戏情节中，启发幼儿看标识辨认队员，巩固对球服、保护装备的认识。

活动建议

教师可以在区域中提供球服和保护装备,让幼儿根据喜好自行选择穿脱、佩戴,提高自理能力;还可以提供"为球星找装备"操作图片,让幼儿找出图片上球星缺少的球服或保护装备,巩固对球服、保护装备的认识。

游戏五 欣赏足球赛

活动目标

1. 感受足球比赛激烈角逐的氛围,体验足球运动的乐趣。
2. 懂得判断比赛的输赢,知道进球才能得分。

活动准备

足球一个,录像播放设备。

活动过程

1. 让幼儿观看球赛录像,组织讨论:什么是足球赛?赛场上都有谁?怎样才能赢得比赛?

2. 观看大班哥哥姐姐的足球赛，教师根据球赛实况声情并茂地进行实时解说，如：球赛开场双方握手，球员带球射门得分，守门员挡球成功，等等，让幼儿感受足球比赛激烈的竞技氛围。

3. 组织幼儿再看球赛录像，进一步讨论：哥哥姐姐把球踢到哪个地方才能得分？谁进球了？什么情况下进球却不得分？让幼儿初步了解进球得分的球赛规则。

活动建议

教师可以组织幼儿现场观看大班哥哥姐姐的球赛，鼓励幼儿与哥哥姐姐一对一结对，在户外活动时开展大带小趣味踢球游戏；还可以请哥哥姐姐为幼儿表演花样踢球技艺，激发小班幼儿的学习热情。

动作游戏

 碰一碰

游戏视频二维码

活动目标

1. 尝试用身体的各个部位触球,感受玩球的快乐。
2. 能根据信号作出反应,提高专注力。

活动准备

足球若干,网兜若干。

活动过程

1. "我说你做"游戏:教师发出碰触身体部位的指令,幼儿根据指令拍击肩部、胸部或大腿等部位,在游戏中了解身体的各个部位。

2. "足球碰身体"游戏:幼儿围成圆圈,根据教师的指令用足球碰触身体各个部位,边触碰边传球,如球宝宝碰脚背、球宝宝碰肩膀等。

3. "身体碰足球"游戏:幼儿根据教师的指令,用身体的各个部位触碰悬挂着的足球。提醒幼儿注意不要让球碰到眼睛,触碰时不要太用力。

4. "触球大赛"游戏：在足球区悬挂不同高度的球，幼儿从放置标志盘的起点出发，跑至足球区，用身体部位触碰足球，成功触碰者得1分，分多者为胜。提醒幼儿根据球的高低位置选择适宜的身体部位进行触碰。

活动建议

教师可在户外设置足球触碰区，将球悬挂在不同高度的位置，鼓励幼儿尝试做多种不同的碰球游戏，除了用身体触球，也可以用球碰球，还可以结合音乐做游戏，播放动感音乐，让幼儿随音乐节奏玩身体与球的触碰游戏。

游戏二 扑蝴蝶

活动目标

1. 能用身体各部位触碰高低不同的足球。
2. 会听简单指令触球，体验足球带来的快乐。

活动准备

1. 网兜球（贴蝴蝶图案）一个，低、中、高三种不同高度的悬挂球（贴蝴蝶图案）若干。
2. 创设"花园"场景。

活动过程

1. 引导幼儿观察网兜球上的蝴蝶，讨论：除了手，可以用身体的哪些部位触碰蝴蝶？

2. "蝴蝶飞"游戏：教师发出指令，如蝴蝶飞到肩膀上，并让蝴蝶触碰幼儿的肩膀，鼓励幼儿用脚、腿、肩膀、

胸等身体部位触球。

3. "扑蝴蝶"游戏：让幼儿用身体各部位触球。

（1）幼儿自主游戏。创设花园场景，用不同高度的悬挂球当蝴蝶，启发幼儿用多种方法触球。

（2）幼儿听指令游戏。教师发出指令，如肩膀连续碰高处的足球，启发幼儿调整身体姿势，按要求触球。

教师可以根据游戏情况，适时奖励幼儿蝴蝶贴纸，游戏结束时，比比谁得到的蝴蝶贴纸最多，激发幼儿的游戏兴趣；也可以在户外运动区提供多种类型的悬挂球，如：发光球、响声球或柔软布球，增加触球游戏的趣味性。

游戏三　踩泡泡

活动目标

1. 会脚底踩球。
2. 能根据信号快速作出反应，感受奔跑和踩球的快乐。

活动准备

泡泡机一个，足球若干，不同节奏和速度的音乐若干。

活动过程

1. 教师吹泡泡，鼓励幼儿追泡泡并尝试用脚踩泡泡。

2. 教师引导幼儿思考并尝试：如果把足球当成一个大泡泡，你会怎么踩呢？学习前脚掌踩球动作。

3. "踩泡泡"游戏：场地内放置与幼儿人数相同的泡泡（球），引导幼儿在音乐声中奔跑，在音乐停止时，快速踩泡泡（球）。教师提醒幼儿单脚踩球时要保持身体的平稳。

4. 比赛"看谁踩得快"。减少泡泡（球）的数量，用节奏和速度快的音乐，增加音乐停顿的频率，提高难度。提醒幼儿听信号做奔跑、踩球动作。

活动建议

幼儿学习踩球动作的过程中，教师可采用"听音踩球"的形式组织学习。如幼儿听铃鼓声、鼓声或拍手声等，尝试单脚踩球，增加游戏的趣味性。

游戏四　跳轮胎

活动目标

能双脚交替踩球，提高身体的平衡性。

📝 活动准备

轮胎若干，慢速、中速、快速的音乐片段各一段，足球若干。

📝 活动过程

1. "踩轮胎"游戏：教师吹哨，幼儿站在轮胎后面，听哨声尝试用脚底交替踩轮胎。提醒幼儿每听到一次哨声换一只脚踩轮胎。

2. "听音乐踩轮胎"游戏：幼儿随着音乐节奏交替踩轮胎。教师提醒幼儿将重心始终放在地面的支撑脚上。

3. "变速踩轮胎"游戏：播放不同速度的音乐，鼓励幼儿听辨音乐速度的变化灵活调整踩轮胎的速度。

4. 用足球替换轮胎，提高难度，玩"踩足球"游戏。提醒幼儿踩球时不能过度用力，将球始终控制在脚底。

📝 活动建议

教师可用鼓声替换音乐，不断变换击鼓的节奏，让幼儿随不同的节奏踩轮胎，既能增加活动趣味性，又能提高幼儿的控制能力。踩球游戏初期，可从踩固定物逐步过渡到踩足球，循序渐进，帮助幼儿逐步提高控球能力。

游戏五 夹娃娃

活动目标

能双脚夹物前进,提高腿部力量。

活动准备

1. 各种毛绒玩偶若干。
2. 创设"夹娃娃"场景,把毛绒玩偶当娃娃。

活动过程

1. 组织幼儿回忆玩娃娃机的情景,讨论:夹娃娃机里的大夹子是怎么夹娃娃的?

2. 迁移经验,让幼儿思考并尝试:如果用脚来当大夹子,要怎么夹娃娃呢?引导幼儿尝试用脚内侧夹毛绒玩偶。

3. "夹娃娃"游戏:创设夹娃娃机场景,幼儿双手撑地,双脚模拟大夹子,夹住一侧的娃娃,向前移动身体,放入另一侧"出口区"。启发幼儿双手撑推、双脚屈伸前进。

4. 增加娃娃的数量,提高游戏难度,在规定时间内比一比谁夹的娃娃最多。提醒幼儿控制脚部力度,不让娃娃中途掉落。

活动建议

活动前,可以请家长先带领幼儿玩娃娃机,让幼儿了解夹娃娃的方法。在"活动过程"中增加"找家"游戏环节,鼓励幼儿为毛绒玩偶寻找匹配的家,如陆地、海洋、天空等,既提高分类能力,又增加游戏的趣味性。

游戏六 小白兔送礼物

游戏视频二维码

活动目标

会做双脚夹物向前跳动作,并能坚持完成游戏任务。

活动准备

1. 纸盒、纸团等制成的礼物盒若干,小白兔胸饰若干。
2. 创设"小灰兔家"的场景。

活动过程

1. 幼儿扮演小白兔,小白兔跳入场,巩固双脚向前跳动作。

2. 教师启发幼儿思考并尝试:不借助手,怎样把礼物送给好朋友小灰兔?

3. "小白兔送礼物"游戏:幼儿用双脚夹礼物盒向前跳,将礼物送至小灰兔家。指导幼儿控制双脚夹物力度。

4. 提高游戏难度,比比看,谁最快将三份礼物送到小灰兔家。提醒幼儿有节奏地向前跳跃。

 活动建议

游戏中，教师可启发幼儿创编游戏情节，如：拔萝卜、摘青菜、躲避大灰狼等，增加游戏的趣味性。待幼儿熟悉动作后，可陆续将礼物盒更换为波波球、足球，逐步提高动作难度。

游戏视频二维码

游戏七　推土机

 活动目标

掌握脚底向前推球的动作要领，提高身体的灵活性。

 活动准备

1. 人手一个足球、一个工地帽子，推土机工作的视频。
2. 创设"工地"场景：散放若干足球当作工地上的土堆。

📝 **活动过程**

1. 观看推土机工作的视频，了解推土机向前推土的动作。

2. 幼儿扮演推土机，用足球替代土堆，幼儿用脚底向前推球模拟推土机工作。

（1）幼儿坐在椅子上用脚底向前推球，感受足球的滚动。

（2）幼儿站着用脚底向前推球。提醒幼儿踩稳球再向前后推拉。

（3）幼儿行进推球，将球推至指定位置。

3. "推土机 PK 赛"：推土机在规定时间内用脚底向前推球将土堆运完，以速度最快者为胜。鼓励幼儿不断加速，勇夺胜利。

📝 **活动建议**

可根据幼儿活动情况不断变换"推土机 PK 赛"玩法，如：教师或个别幼儿击打小鼓，用鼓声控制比赛时间；还可以尝试不断加快击鼓速度，或变换击鼓的节奏，营造比赛激烈的竞争氛围。

游戏八　刨地瓜

活动目标

学习脚底后拉球动作，增强球感。

活动准备

1. 农民刨地瓜视频片段，足球若干。
2. 创设"瓜地"场景。

活动过程

1. 让幼儿观看农民刨地瓜视频片段，组织讨论：农民伯伯怎样刨地瓜？做了什么动作？鼓励幼儿徒手模仿刨地瓜动作。引导思考：怎么用脚将地瓜刨出来？尝试做脚底后拉球的动作。

2. 把足球当地瓜，玩"刨地瓜"游戏。

（1）组织幼儿讨论：怎么用脚将地瓜刨出来？

（2）幼儿尝试用脚底后拉球的动作将地瓜从地里刨出。提醒幼儿做后拉球动作时，注意站稳，控制好脚的力度。

3. 提高游戏难度，幼儿两两结伴玩"刨地瓜"游戏。一个幼儿坐着，将地瓜夹在脚踝处，另一个幼儿用脚底后拉球动作刨地瓜。提醒幼儿左右脚轮换做后拉球动作，一段时间后交换角色继续玩游戏。

活动建议

活动前，请家长带幼儿实地观看农民刨地瓜；活动后，教师还可将此游戏与"拔萝卜"歌曲表演整合，让幼儿边唱歌边有节奏地用脚底后拉球动作拔萝卜。

游戏九 炒豆

活动目标

初步会向不同方向搓球,提升球感。

活动准备

1. 人手一个足球、一个呼啦圈和一把椅子。
2. 创设"厨房"场景:把足球当成豆,呼啦圈当成炒锅。
3. 附儿歌《炒豆》:炒黄豆,炒黄豆,炒、炒、炒,炒完黄豆出锅啦!

活动过程

1. 师生边念儿歌边玩"炒豆"游戏。提醒幼儿变换炒豆方向,如前后炒、绕圈炒等。

2. 引导幼儿思考并尝试:如果把球当成豆,把呼啦圈当成锅,把脚当成铲子,你会怎样炒豆呢?

3. 把足球融进"炒豆"游戏,幼儿尝试不同方向的搓球。

(1)坐着"炒豆":把锅和豆放在椅子前,尝试用脚朝不同方向搓球。提醒幼儿脚底不离开球。

(2)站着"炒豆":提醒幼儿注意保持身体平衡,控制搓球力度,不让豆滑出锅。

（3）听指令"炒豆"：儿歌中加入方位词，如左右炒等，启发幼儿跟随儿歌指令变换搓球方向。

活动建议

游戏前，教师可以带领幼儿观看炒豆的视频，观察铲子的不同炒动方向，积累相关经验；也可启发幼儿绘制炒豆的带箭号图示，并投放到游戏中，鼓励幼儿看图示搓球，提高学习自主性。

游戏十　让足球欢笑

活动目标

1. 认识脚背踢球的触球点。
2. 学习脚背踢固定球，提高脚部的力量。

活动准备

笑脸贴若干，安装笑声装置的固定球若干。

活动过程

1. 教师出示带有笑声装置的固定球，用脚背做踢球动作，让足球发出笑声。

2. 启发幼儿讨论：用脚的哪个部位踢，踢中球的哪个部位，才能让足球欢笑呢？

3. 引导幼儿尝试为触球点贴笑脸贴，明确脚背、球的后中部的位置。

4. "让足球欢笑"游戏：提供带有笑声装置的固定球，启发幼儿用脚背踢球的后中部，通过听笑声是否响起，验证踢球动作的准确性。

5. 增加多个固定球，提高难度，在规定时间内比比看谁踢得又多又准确。

活动建议

教师可在脚背和触球点贴上各种配对图片，启发幼儿玩配对游戏，如图形找朋友、小动物找食物等，既增加触球游戏的趣味性，又培养了幼儿的认知能力和观察能力。

游戏十一 踢大球

活动目标

学习用脚背踢大球，感受力度的大小对球速的影响。

活动准备

圆点贴图、瑜伽球、数字标识若干。

活动过程

1. 幼儿自由玩瑜伽球，感知瑜伽球会弹跳的特性。

2. 幼儿玩"找脚背"游戏，找到脚背位置，贴上圆点贴图。

3. "踢大球"游戏：教师将瑜伽球滚向幼儿，幼儿尝试用脚背踢球。提醒幼儿瞄准球心，用力摆腿，脚背发力，将

球踢回给教师。

4. 师幼交流、分享脚背踢球经验：怎样让大球滚得更远？让幼儿明确踢球力气越大，球就滚得越远。

5. 提高游戏难度，开展"球球找家"游戏：创设3个不同距离的家，分别用1、2、3数字标识，教师发出指令，幼儿用脚背发力将球踢到指定的家。提醒幼儿根据家的距离调整踢球力度。

活动建议

游戏中，教师可以根据幼儿实际情况调整发球、接球的距离，帮助幼儿获得成功踢球体验；也可整合数学领域的学习，用不同颜色、不同大小标识不同距离的家，让幼儿听指令将球踢到相应的家。

游戏十二 敲门铃

活动目标

会用脚背踢悬挂球，提高腿部动作的灵活性。

活动准备

1. 体操垫、独木桥等运动器材若干。

2. 创设"小猪家"场景，并设置低、中、高不同高度的门铃（悬挂球后方加挂铃铛）若干个。

活动过程

1. 幼儿观察小猪家的门铃（低位悬挂球），思考：如何不借助手，敲响门铃？

2. 幼儿尝试用脚背踢球的方法击响球后的门铃。提醒幼儿提膝绷脚,用脚背正面踢球。

3. "敲门铃"游戏:以"叫醒贪睡的小猪"为目的,引导幼儿爬草地、过独木桥,助跑至门前,用脚背踢响门铃。提醒幼儿注意跑动、踢球动作的连贯性。

4. 提供多个"动物的家",增加游戏难度,家门口放置不同高度的门铃,幼儿自由选择场地进行游戏。指导幼儿调整脚背抬起的高度,让球击响不同高度的门铃。

活动建议

"活动过程"中,教师可以加入"我说你踢""点兵点将"等游戏形式,增加踢球的趣味性;可以将悬挂球和其他运动器械进行组合,投放在户外运动区内,提高动作练习密度。

游戏十三 发射导弹

活动目标

学习助跑脚背踢球的动作,提高腿部的力量和灵活性。

📝 **活动准备**

1. 纸筒导弹若干，足球若干，圆点贴图若干。
2. 创设"导弹基地"场景。

📝 **活动过程**

1. 教师演示"发射导弹"，引导幼儿观察并明确用正脚背发射导弹的方法，鼓励幼儿大胆模仿。

2. "原地发射纸筒导弹"游戏：引导幼儿将圆点贴在正脚背上，进入导弹基地，尝试用正脚背踢飞纸筒导弹。提醒幼儿将圆点对准导弹，迅速抬脚用力踢出。

3. "助跑发射足球导弹"游戏：用足球替换纸筒导弹，放置于导弹基地的发射点，幼儿站立在距离发射点两米的起点线上，教师吹哨发出指令，幼儿迅速向前助跑，用正脚背将足球导弹踢出。

4. "导弹发射 PK 赛"：在导弹基地增设红、黄、蓝三条不同远近的射程线，幼儿站在起点线上，听指令助跑发射导弹，射程超越红、黄、蓝三条线者，分别获一、二、三等奖。

📝 **活动建议**

活动前，教师可让幼儿预先观看"导弹发射"的视频，丰富相关经验；开展"导弹发射 PK 赛"时，可整合认识颜色、判断距离远近等数学领域的学习。

游戏十四 扫雷小能手

活动目标

掌握脚弓踢球动作要领,增强球感。

活动准备

圆点贴图若干,人手一个足球,标志桶若干。

活动过程

1. 教师演示"扫雷行动",引导幼儿观察并明确用脚弓扫雷的方法,鼓励幼儿自由模仿。

2. 幼儿玩"找脚弓"游戏,找到脚弓位置,贴上圆点贴图。

3. "扫雷行动"游戏:用标志桶当地雷,幼儿尝试用脚弓踢球将地雷扫除。提醒幼儿踢标志桶时站稳,注意两脚的配合。

4. 用足球当地雷,再次玩"扫雷行动"游戏。幼儿寻找地雷,用脚弓踢球将地雷扫除。提醒幼儿踢球时提膝外展,大腿向前摆动,用力踢出。

5. 加大难度,玩"助跑扫雷"游戏:将地雷放置在离起点两米处,幼儿助跑至雷区,用脚弓踢球将地雷扫除。

活动建议

活动前，教师可借助手机游戏"扫雷"，帮助幼儿积累"扫雷"相关经验，激发幼儿游戏的兴趣；活动后，教师可将"扫雷行动"游戏延伸到户外活动中，通过增长雷区距离、设置障碍等方式不断提高游戏难度，让幼儿在不断升级的挑战中巩固练习脚弓踢球动作。

游戏视频二维码

活动目标

会脚弓踢物，提高腿部力量。

活动准备

扫帚一把，大小不一的纸盒若干，畚斗若干，三种颜色的海洋球若干。

活动过程

1. 教师用扫帚把纸盒扫进畚斗，引导幼儿注意观察扫纸盒的动作。

2. 教师引导幼儿思考并尝试：没有扫把，你能用脚把纸盒扫进畚斗吗？

3. "扫地"游戏：幼儿用脚弓扫纸盒至畚斗内。教师提醒幼儿学习脚弓踢物动作。

4."分一分"游戏：用三种颜色的海洋球替换纸盒，场地四周投放对应颜色的畚斗，幼儿用脚弓踢物，将海洋球扫进对应畚斗。提醒幼儿控制踢球力度，不让海洋球远离脚弓。

活动建议

活动前，教师鼓励幼儿观察家人用扫帚扫地的动作特点，积累相关经验，待幼儿熟悉动作后，可陆续将海洋球更换为波波球、足球，逐步提高幼儿控球难度。

游戏十六 赶小猪

活动目标

初步掌握脚弓推运球的方法，提高身体协调性。

活动准备

1. 人手一个足球，各种材质的赶猪工具。
2. 创设"猪圈"场景。

活动过程

1. "赶小猪"游戏：把足球当小猪，幼儿选用不同的赶猪工具朝同一方向赶小猪，最终将小猪赶进猪圈。

2. 用脚弓替代赶猪工具，继续玩"赶小猪"游戏：幼儿学习用脚弓推运球的动作，将小猪赶进猪圈。提醒幼儿推运球时尽量将球控制在脚底下，不让

球滚远。

3."赶猪大赛":设置赛道,幼儿分成两组进行比拼。鼓励幼儿尝试加快脚弓推运球的速度,在最短时间内将小猪赶进猪圈,以速度最快方获胜。

活动建议

游戏初期,教师可先用纸盒、积木等方形物体当小猪,待幼儿逐渐找到脚弓带物移动的感觉后,再用足球当小猪,让幼儿在巩固练习脚弓推运球动作的同时逐步学习控制球。

游戏十七 穿越森林

活动目标

能听信号运球、停球。

活动准备

1. 音乐《开始和停止》,人手一个足球。
2. 创设"森林"场景。

活动过程

1. 师生玩"穿越森林"音乐游戏,跟随音乐变化走走停停。

2. 教师引导幼儿思考并尝试：你能带球走走停停吗？

3. 将足球融进"穿越森林"音乐游戏。引导幼儿在音乐声中用脚背或脚弓运球前进，在音乐停止时，用脚底停球。提醒幼儿注意倾听音乐做动作。

4. 逐步增加音乐停顿的频率，提高难度，提醒幼儿在运球与停球的动作衔接中，保持身体平稳。

教师可事先开展音乐游戏"开始和停止"，帮助幼儿熟悉玩法、规则，积累游戏经验。游戏时，待幼儿熟悉动作后，教师还可结合图示，如通行、禁行标识等，引导幼儿看信号变换运球、停球动作，提高控球能力。

中班足球游戏

一、中班幼儿身心发展特点

目标一：具有一定的平衡能力，动作协调、灵敏。

1. 能在较窄的低矮物体上平稳地走一段距离。

2. 能以匍匐、膝盖悬空等多种方式钻爬。

3. 能助跑跨跳过一定距离，或助跑跨跳过一定高度的物体。

4. 能与他人玩追逐、躲闪跑的游戏。

5. 能连续自抛自接球。

目标二：具有一定的力量和耐力。

1. 能双手抓杠悬空吊起 15 秒左右。

2. 能单手将沙包向前投掷 4 米左右。

3. 能单脚连续向前跳 5 米左右。

4. 能快跑 20 米左右。

5. 能连续行走 1.5 千米左右（途中可适当停歇）。

目标三：手的动作灵活协调。

1. 能沿边线较直地画出简单图形，或能沿边线基本对齐地折纸。

2. 会用筷子吃饭。

3. 能沿轮廓线剪出由直线构成的简单图形，边线吻合。

心理发展特点

这个时期的幼儿活泼好动，动作灵活，主意也多。他们已掌握了一些和别人交往的经验，能积极参加各种活动，集中注意力的时间也比小班的幼儿长些；能依靠表象、具体形象进行思维，常常根据自己的生活经验理解事物，因此他们的游戏常常带有情景性；开始能接受简单的任务，对于自己所承担的任务已有最初的责任感，有一定的坚持性，行为的目的性、方向性和控制性有所提高；他们爱玩而且会玩，会自己制订主题，分工安排角色，游戏的情节

不断丰富，内容更多样化，同伴间合作意识开始萌芽，在游戏中逐渐结成同龄人的伙伴关系。

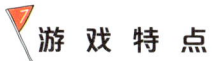

游戏特点

中班时期是幼儿象征性游戏的高峰期，他们能够自己选择主题、设计组织游戏。游戏内容更加多样，游戏情节更加丰富。他们不仅爱模仿，还能反映日常生活情景，将生活经验在游戏中创造性地表现出来。

中班幼儿的游戏水平处于联合游戏阶段，他们喜欢和同伴交往，开始有合作的萌芽意识。在游戏过程中，由于分工、协调合作能力比较弱，还会经常出现同伴间的纷争，但已具备最初的责任意识，能承担一定的小任务，有一定的责任感。

二、中班足球游戏的目标、内容、设计要求

目 标

1. 喜欢与同伴共同参与足球游戏，体验与同伴合作游戏的快乐，萌发初步的竞争意识。

2. 学会简单的足球动作，掌握一定的控球、运球、射门技巧。

3. 认识球赛场区和判罚规则，规则意识增强，会辨别是非，懂得遵守游戏规则。

4. 交往需求增强，喜欢与同伴交流分享游戏体验，能在教师的帮助下调整自己的情绪。

5. 认识著名球队和球星，了解足球，热爱足球，萌发爱国意识。

6. 在足球游戏中渗透安全教育，培养自理能力和自我保护能力。

内 容

1. 学习简单的足球动作，掌握一定的控球、运球、射门技巧。

2.学习观看球赛,判别比赛输赢,懂得简单的判罚规则。

3.认识与球赛相关的场地、器械、装备,知道足球比赛的流程和方法。

4.认识著名球队、部分球星,了解开球、界外球、球门球、角球等。

设 计 要 求

根据中班幼儿动作发展特点,以培养幼儿一定的平衡能力,动作协调、灵敏为目标,针对足球的特点,选择适合中班幼儿学习的足球动作,并根据中班幼儿的心理发展特点和游戏特点,设计生动的游戏情景,让幼儿采用自由组合、两两组合以及小组间游戏组合的形式,巧妙地将有关控球、运球、射门技巧动作融入其中,引导幼儿积极地学习、尝试、合作,体验足球游戏带来的成功和快乐。

动作游戏

 小鼓响咚咚

活动目标

会原地双脚交替踏球,提高身体平衡能力。

活动准备

人手一个足球、一面手鼓。

活动过程

1. 手鼓游戏:师幼尝试敲奏手鼓,变换不同的敲鼓动作,如单手敲、贴住鼓面敲、双手交替敲。

2. 迁移敲鼓经验,启发幼儿思考:把足球当成鼓,用脚敲鼓可以怎样敲?幼儿尝试用脚在球上做敲鼓动作,如单脚敲、双脚交替敲、双脚交替跳跃敲。

3. 教师对幼儿的敲球动作进行提升,引导幼儿学习单脚敲球、单脚踏球、双脚交替踏球动作。提醒幼儿双脚交替踏球时,注意用前脚掌轻轻踏。

4. 师幼在圈上开展"小鼓响咚咚"游戏，教师引导幼儿根据敲奏手鼓的动作变化，变换踏球的不同动作。

活动建议

幼儿熟悉动作后，教师可变换鼓声指令的速度、节奏，让幼儿采用集体、两两合作、多人组合接龙的方式，练习双脚交替变速踏球，既增加游戏的趣味性，又提高挑战性。

游戏视频二维码

游戏二 · 小猴运西瓜

活动目标

能运用前脚掌交替推拉球。

活动准备

1. 足球，小猴头饰、狐狸头饰若干。
2. 设置"西瓜地""小猴的家"等场景。

活动过程

1. 把足球当西瓜，带领幼儿参观"西瓜地"，并组织讨论：西瓜大又重，怎样把西瓜运回家？教师鼓励幼儿用脚试一试，寻找前脚掌触球的感觉。

2. 幼儿自由尝试用脚运西瓜，学习运用前脚掌交替推拉球。提醒幼儿注意控制力度，避免让球滚跑了。

3. "小猴运西瓜"游戏：幼儿从西瓜地出发，运用前脚掌交替推拉球，将西瓜运至小猴的家。提醒幼儿要连贯地推拉球，让球向前移动。

4. 加入"狐狸中途拦截西瓜"的游戏环节，提醒幼儿用前脚掌向前推拉球的同时注意护球，躲避狐狸的抢夺。

活动建议

游戏过程中，教师可根据幼儿的活动情况不断加入新的游戏环节，如：延长小猴运瓜的路线，在路上设置树林、山坡、陷阱等障碍，鼓励幼儿努力通过各种障碍，用前脚掌交替推拉球，把瓜运回家，既能提高游戏的难度，又能增加其趣味性。

游戏三　有趣的钟摆

活动目标

学会用脚内侧左右交替推拉球。

活动准备

大挂钟一个，人手一个足球。

活动过程

1. 幼儿观察大挂钟钟摆的摆动，并用身体自由模仿钟摆左右摆动的动作。

2. "有趣的钟摆"游戏。

（1）幼儿坐在椅子上，双脚打开扮演小挂钟，把足球放在两脚之间，尝试用脚内侧左右交替推拉球，使钟摆左右摆动。

（2）幼儿站立扮演小挂钟，将足球放在两脚之间，用脚内侧左右交替推拉球，使钟摆左右摆动。提醒幼儿注意控制好推拉球的力度，避免球滚远。

3. "小挂钟音乐会"游戏：教师扮演敲钟人，让钟发出钟声，幼儿听到钟声响起时做脚内侧推拉球动作左右摆动，用象声词"叮咚、叮咚、叮咚……"喊节奏增添趣味，当钟声停止时幼儿也随之停止推拉球。提醒幼儿注意听辨钟声并做出相应的反应。

活动建议

可组织幼儿讨论：脚内侧左右交替推拉球的动作还像什么？教师根据幼儿的设想设计更多有趣的游戏，如"企鹅下冰山""不倒翁"等，并在户外运动区创设相应的游戏场景，让幼儿巩固练习脚内侧左右交替推拉球动作。还可以将幼儿设计的游戏推荐给家长，做居家亲子游戏。

游戏四　企鹅摇摆

活动目标

初步学会脚内侧交替推球行进。

活动准备

1. 足球若干、音乐、两色球衣。
2. 创设"冰川"场景。

活动过程

1. 幼儿扮演企鹅，模仿企鹅走路摇摇摆摆的形态。

2. 加入足球玩"企鹅摇摆"游戏：小企鹅将球放置在两脚之间，尝试用双脚内侧交替推球。提醒幼儿脚内侧推球时两脚左右交替摆动。

3. 圈上游戏"企鹅找朋友"：小企鹅随音乐用脚内侧交替推球的行进方式，将球传给圆圈对面的朋友，朋友接力继续游戏，直至音乐结束。提醒小企鹅注意脚内侧横向推球的力度要一致。

4. "企鹅接力赛"团队游戏：增设接力赛道，幼儿4人一队，接力赛道两端各站2人。比赛开始，小企鹅从起点出发，脚内侧交替推球向前行进，将球传给对面队友，游戏循环反复至全队接力完毕，速度快的小组获胜。提醒幼儿在推球行进时，注意控制脚内侧横向推球的方向。

活动建议

待幼儿动作熟练后，教师可鼓励幼儿创编喜欢的游戏情节，如：玩"企鹅去旅行"游戏，设置S型、Z型等不同的路线，提高游戏难度，巩固练习脚内侧交替推球行进的动作。

游戏五　螃蟹走

活动目标

学会侧拨球，提高手眼协调能力。

活动准备

1. 人手一个足球，螃蟹头饰若干，贴有贝壳、礁石和海螺图片的标志。
2. 创设"沙滩"的场景。

活动过程

1. 幼儿扮演小螃蟹，学习侧向走。

2. 加入足球，小螃蟹尝试带球侧向走。提醒幼儿用右脚脚弓连续向左侧拨球，学习侧拨球方法。

3. "螃蟹找朋友"游戏：在"沙滩"的场景中，左边放置海螺，右边放置贝壳，当听到指令时，幼儿朝相应的方向侧拨球，如听到"找海螺"的指令时，小螃蟹就得朝左边侧拨球。提醒幼儿控制好侧拨球的力度，避免球滚远。

4. 增加礁石障碍，提醒幼儿做侧拨球行进时，灵活绕开礁石。

活动建议

游戏初期，幼儿未能很好地控制拨球力度，容易出现足球滚远的状况，教师可先用纸盒、牙膏盒、积木等替代球，待幼儿掌握侧拨球的动作后再使用足球进行练习。

游戏六 倒车入库

活动目标

学习向前推球，听信号转身做后拉球动作，有一定的控球能力。

活动准备

1. 人手一个足球，口哨。
2. 创设"马路""车库"场景。

活动过程

1. 幼儿扮演快乐小司机，在大马路上用向前推球动作开汽车。提醒小司机脚掌交替向前推球行进时，注意脚掌踩球的力度，控制推球的方向。

2. 观察"车库"场景，启发幼儿思考：怎样倒车入库？

3. 自主玩"倒车入库"游戏：小司机开车至车库前，教师吹哨发出指令，小司机迅速转身后拉球，将车倒入车库。提醒小司机转身做后拉球动作时，注意对准车库方向。

4. 集体游戏"抢占车库":小司机自由开车,听到指令后快速找到最近车库,转身用后拉球动作倒车入库,以速度最快者为胜。提醒幼儿做后拉球时,前脚掌压球不要过于用力。

活动建议

游戏前,可请家长引导幼儿观察倒车入库的过程,为活动做经验准备;熟悉游戏后,可鼓励幼儿自主变换车库的场景,进一步练习变向转身后拉球倒车入库,增加游戏的趣味性和挑战性。

游戏七 木头人

活动目标

学会用脚背运球,并能听指令快速停球。

活动准备

1. 人手一个足球,已有玩"木头人"的游戏经验。

2. 儿歌《木头人》：山，山，山，山上有个木头人。三，三，三，三个木头人，不许说话，不许动！

活动过程

1. 引导幼儿寻找脚背位置，尝试用脚背运球。

2. 将足球融入"木头人"游戏：幼儿边念儿歌边用脚背运球，当念到"不许动"时，快速用前脚掌踩住球。提醒幼儿注意保持身体的平衡。

3. 变化路线玩"木头人"游戏：引导幼儿在足球场中找出圆形、弧形、长方形的轮廓线，并自由选择不同形状的轮廓线，沿轮廓线用脚背运球，当念到"不许动"时迅速地用前脚掌停球。

活动建议

可迁移更多的音乐游戏经验设计游戏，如"熊出没""兔子和狼"等，让幼儿在多变的游戏情节中持续保持游戏兴趣；也可变化儿歌的朗诵速度，让幼儿尝试变速运球，巩固练习脚背运球和快速停球动作。

游戏视频二维码

巩固行进运球和停球，增强下肢力量和身体的灵敏性。

活动准备

1. 人手一个足球,交通标志,交通信号灯。
2. 创设"十字路口"场景。
3. 儿歌《小司机》:滴滴滴,滴滴滴,我是快乐的小司机。看见黄灯闪一闪,小小司机慢慢行,看见绿灯往前行,看见红灯停一停。

活动过程

1. 幼儿扮演小司机,用脚背行进运球模拟驾驶汽车。提醒幼儿直线行进运球时,注意脚背绷紧,脚尖下压,脚背推送球前进的力度要控制。

2. 加入儿歌游戏,幼儿边念儿歌《小司机》边用脚背行进运球,当念到"停一停"时,幼儿迅速用前脚掌停球刹车。提醒幼儿用脚掌停球时,轻轻触球。

3. 增加"十字路口"场景,引导幼儿观察信号灯变化做运球和停球动作,即看到绿灯用脚背行进运球,看到红灯立即停球刹车。提醒幼儿注意观察信号灯变化,灵活变换运球、停球动作。

4. 待幼儿动作熟练后,加入"向左转""向右转"等交通标志,提高游戏难度,让幼儿尝试转弯行进运球,提高游戏趣味性。提醒幼儿转弯运球时,调整脚背与球的接触角度,放慢速度。

活动建议

游戏中可适当融入交通安全常识教育,如认识交通标志、认识道路交通信号,增强幼儿交通安全意识;熟悉游戏后,可不断加入交通标志,如环岛行驶等，让幼儿进一步学习绕圈运球等动作，不断提高游戏难度。

游戏九 小小快递员

活动目标

学会用脚弓行进运球，快速停球。

活动准备

1. 人手一个足球。
2. 创设"丰巢柜"场景。

活动过程

1. 观察丰巢柜，引导幼儿讨论：快递员怎样派送快件？

2. "派送快件"游戏：幼儿扮演快递员，用足球替代快件，快递员尝试用脚弓走动运球，将快件派送到丰巢柜，到达后用前脚掌停球。提醒幼儿运球时注意用脚弓部位触球，脚弓推送球前进的力度要控制。

3. "限时速递"游戏：启发快递员跑动用脚弓运球派送快件，到达后举手示意派送成功。提醒快递员跑动运球时，提脚弯膝，脚尖稍外转，脚弓击球力度要轻。

4. "抢柜速递"游戏：适当减少丰巢柜或缩短派送时间，提高游戏难度，鼓励幼儿抢柜派送，增加挑战性。提醒快递员目视丰巢柜方位跑动运球，控

制脚弓运球方向。

 **活动建议**

教师可根据中班幼儿的数学经验,将数学知识融入丰巢柜的场景创设,通过任务指令变化游戏内容,如"将快件运送到第1排3号丰巢柜",实现学科之间的整合。

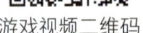
游戏视频二维码

 **躲避大灰狼**

 **活动目标**

1. 会用脚内侧精准传球。
2. 学会与同伴合作游戏,学习精准传球。

 **活动准备**

1. 大灰狼、兔子的头饰若干,贴有大灰狼图片的拱形圈若干。
2. 创设"森林"场景。

📝 **活动过程**

1. 跳"兔子加油操",教师启发幼儿运用脚内侧进行花样玩球。

2. "兔子传球"游戏：幼儿扮演小兔子,两人一组尝试用脚内侧互相传接球。提醒幼儿传球时瞄准方向,先停球再传球。

3. "躲避大灰狼"自主游戏：教师在两只兔子中间加入大灰狼（拱形圈）,两只兔子在传接球时试图让球通过大灰狼传给对方。提醒幼儿注意瞄准同伴的方位精准传球。

4. "躲避大灰狼"分组游戏：幼儿扮演的大灰狼替换拱形圈,大灰狼站在中间拦截球。提醒兔子灵活避开大灰狼的拦截,精准传球,球若被大灰狼截取,传球的兔子便和大灰狼互换角色,重新游戏。

📝 **活动建议**

该游戏需要幼儿集中注意力,教师可以用语言、动作示意的方式让幼儿学会互相合作。待幼儿动作熟练后,可拉长兔子传球的距离,增加大灰狼的数量,提高精准传球的难度。

游戏十一　多人传球

活动目标

学会多人合作传接球，巩固脚内侧传球动作。

活动准备

足球若干。

活动过程

1. 根据上一次"躲避大灰狼"的传球游戏，组织幼儿讨论：怎样才能又快又准地把球传给对方？球滚过来时，怎样更好地接住球？引导幼儿知道传球时要瞄准目标，接球时要先停球。

2. 玩"圈上多人传球"游戏。

（1）寻找圈上的伙伴，采用"叫号"或"叫名"的方法接应球。提醒幼儿注意倾听，做好快速传接球。

（2）将幼儿分成红、蓝、绿三队，引导幼儿瞄准目标给自己的队友传球，球若被对方球员接住，将由对方球员传给他自己的队友。

3. 增加"拦截人"，让球被截走的幼儿休息，换人，游戏继续。

活动建议

传球游戏可以由两人、三人或多人一起玩,可以站成圆圈、三角形、正方形、对角线的队形,传球的距离也可以灵活调整,由近到远,让幼儿在不断变换的游戏中保持对传接球的兴趣。

游戏十二 泡泡龙

活动目标

能动作灵敏地用脚背或脚弓击中指定目标,并能根据情况灵活作出反应。

活动准备

足球若干,不倒翁一个,两色球衣。

活动过程

1. 交流"泡泡龙"手机游戏,了解发射器向泡泡灯精准发射子弹的游戏情节。

2. 迁移经验,圈内放置一个不倒翁当泡泡灯,幼儿围成圈当发射器,用脚弓或脚背将子弹(足球)射向泡泡灯。

3. "泡泡龙"分组游戏：引导幼儿与同伴合作，瞄准泡泡灯，用脚弓或脚背精准踢球击中目标。提醒幼儿控制踢球的力度与方向。

4. 增加游戏难度，教师当泡泡灯站在圈内，引导幼儿主动接球，并向移动的泡泡灯精准射击。

活动建议

游戏前事先了解"泡泡龙"手机游戏的玩法与规则，做好知识经验准备。幼儿熟悉动作后，可继续玩"泡泡龙 PK 赛"团队游戏。幼儿分成两队，与队友互相传接球，并伺机击中泡泡灯，提高游戏难度和竞技性。

游戏十三 碰碰球

活动目标

1. 学会球击球，掌握脚弓射门动作。
2. 初步学会与同伴接力竞赛，培养合作意识。

活动准备

距离球门 1 米处前后摆放 2 个足球。

活动过程

1. 回忆"玩弹珠"的游戏经验，交流球击球的游戏体验。

2. 迁移弹珠游戏经验，启发

幼儿讨论:怎样通过球击球的方法让第二个球进入球门?

3."碰碰球"自主游戏:引导幼儿踢第一个球,尝试用球击球的方法,借力将第二个球碰入进球区。提醒幼儿踢第一个球时,注意观察两球碰击的角度,控制脚击球的力度。

4.小组接力竞赛"碰碰球":增设接力赛道,幼儿6人一组,比赛开始,听到发令后,各组幼儿接力球击球,以进球多的小组为胜。提醒幼儿轻扭身体,膝转向外,注意调整脚弓击球部位。

活动建议

游戏前可让家长带领幼儿玩弹珠或台球游戏,感知球击球现象。启发幼儿思考:发力过小或过大,球击球会有什么不同的现象发生?动作熟练后,可进一步拓展游戏玩法,如连环球击球;也可延长射门距离,提高游戏难度,持续激发幼儿的游戏热情。

游戏十四 小松鼠运松果

游戏视频二维码

活动目标

学会挑球、运球、射门动作,锻炼上下肢协调能力。

活动准备

足球,松鼠挖松果视频,创设"储藏点"(用轮胎搭建,内置足球)、"树洞"等场景。

活动过程

1. 观看松鼠挖松果视频后讨论：小松鼠怎样挖出松果？

2. "挖松果"游戏：幼儿扮演松鼠，用足球当松果，尝试用脚弓贴紧松果将其从储藏点挖出。

3. "运松果"游戏：鼓励松鼠用脚背运球将松果运到树洞口。运松果时，注意用正脚背位置触球，行进时注意提膝动作，身体放松。

4. "踢松果"游戏：启发松鼠将树洞口的松果踢进树洞里，注意瞄准树洞射门。

5. 小组接力游戏"运松果PK赛"：增设接力赛道，幼儿三人一组分别站在起点、储藏点、树洞口三个位置。比赛开始，第一个幼儿从起点出发至储藏点挖松果，第二个幼儿接力将松果运送给第三个幼儿，

由第三个幼儿将松果踢进树洞，以用时短且树洞中松果贮存多的小组为胜。

活动建议

游戏前可围绕"松鼠怎样过冬"的话题，启发幼儿展开系列调查活动，通过搜集松鼠过冬的相关图片资料信息并进行分享交流，为活动开展做好知识经验准备。动作熟练后，可由一人独立完成挖松果、运松果、踢松果系列动作，提高游戏难度。

游戏十五 点球大赛

了解点球的判罚规则,尝试定点向多角度射门。

点球视频、情景图,足球。

活动过程

1. 观看点球视频,组织幼儿讨论:在什么地方罚点球,什么情况下判罚点球,点球怎么发?引导幼儿知道比赛时防守队员在罚球区犯规,裁判就会判罚点球。罚点球时,在点球点发球。

2. 观察点球情景图,引导幼儿了解点球的规则:进攻方一名球员射门,防守方的守门员站在球门线上进行守门,其他球员退出罚球区进行旁观,但不能超越球场外界线。

3. 两两组合点球,体验点球规则。提醒幼儿听哨声发球,灵活避开守门员的阻挠,精准射门。

4. 点球大赛:以"比一比"的游戏语言,鼓励幼儿大胆尝试从点球点向多角度射门。

将球网设置成不同的得分区,引导幼儿利用户外活动时间练习定点向多角

度射门，根据自己统计的得分情况不断练习，积累定点向多角度射门的经验。

游戏十六 打败猛兽

活动目标

能听指令向指定方向运球，并向目标射门。

活动准备

1. 人手一个足球，带有猛兽图片的拱形门、口哨。
2. 创设"森林""猛兽的家"等场景。

活动过程

1. "打败老虎"游戏：引导幼儿观察通往"老虎的家"的路线，运用脚背或脚内侧带球的方法运球到老虎家门口，听到哨声，对准老虎射门。

2. "打败猛兽"游戏。

（1）在场地不同的方位增设狮子、野猪、大灰狼的家，引导幼儿听到"打败××"时，根据目标将球运到指定的猛兽家门口，听到哨声对准猛兽进行射门。

（2）将幼儿分成四组，听到"第一组出发，打败××"时，第一组朝目标运球，听哨声射门。如听到"第一组出发，打败野猪"时，该组幼儿将球运到野猪家门口，听到哨声响起时，瞄准野猪，运用脚内侧进行射门。

3.加入"十里埋伏"的游戏情节：在通往"猛兽的家"的路线中用圆盘设置陷阱，提醒幼儿听指令运球时注意绕开陷阱。

🖊 **活动建议**

　　幼儿熟悉动作后，教师可不断调整"猛兽的家"的方位，让幼儿进一步练习听指令多方向运球；还可以通过延长运球路线距离，增设树林、河流、拱桥等障碍的形式，不断提高运球难度，增强游戏的趣味性和挑战性。

规则游戏

游戏一 我是小裁判

活动目标

1. 初步了解足球比赛的犯规动作。
2. 懂得遵守赛场规则，萌发公平竞争的意识。

活动准备

球赛犯规镜头合辑视频，警示牌，口哨，正确动作和犯规动作的图片。

活动过程

1. 幼儿观看球赛犯规镜头合辑视频，教师组织幼儿讨论：哪些是犯规动作？（绊摔、碰撞、辱骂、拉扯推搡等）

2. 定格犯规动作画面，启发幼儿思考：出现这些犯规动作，裁判员有什么判罚方式？（鸣哨、口头警告、黄牌警告、红牌驱逐）引导幼儿初步了解球赛规则。

3. "我是小裁判"游戏：教师引导幼儿将图片按正确动作和犯规动作进行分类。提醒幼儿根据犯规动

作的性质不同，进行相应的判罚。

4. "小裁判争霸赛"抢答游戏：教师出题，提醒幼儿观看犯规动作图片，听清题面，挑选对应的警示牌，又快又准地进行判罚犯规动作。判罚正确率高的幼儿即当选"金哨"小裁判。

活动建议

当幼儿不易分辨画面或图片中的犯规动作，如绊摔动作，教师可通过犯规镜头视频回放方式，引导幼儿观察慢动作，通过细节明辨是非，正确判断。

活动目标

1. 知道足球场各区域的名称与作用。
2. 能听辨游戏指令，快速作出反应抢占地盘。

活动准备

球场平面图，两色球衣，人手一个足球。

活动过程

1. 观察球场平面图，启发幼儿讨论：足球场上的圆（中线上的大圆、大禁区外的两个半圆、四个角落的四分之一圆）有什么不同？不同的圆分别表示什么区域？

2. "抢占地盘"抢答游戏：教师出示球场区域图，幼儿快速抢答球场各区域的名称与作用。提醒幼儿表述要清楚、完整。

3. "抢占地盘赛"游戏：幼儿人手一个足球，分站两个半场外，听指令快速将球放到相应的球场区域，又对又快者为胜。提醒幼儿待信号发出后方可行动。

4. "抢占地盘赛"小组游戏：提高游戏难度，两队各派五人，按方阵对立分别站在左右半场外，待信号发出后，快速抢占对方地盘，又快又准的一方为胜。提醒两方队员注意听辨指令，正确判断抢占地盘的位置所在。

活动建议

为避免幼儿抢占地盘时出现蜂拥现象，教师可启发幼儿先协商好场区占位与分工，如：1号队员负责抢占点球区，当听到"点球区"指令，就由1号队员抢占地盘。

游戏三 小小记分员

活动目标

1. 了解比分牌的作用，会看比分牌判断输赢。
2. 初步学会统计足球赛比分，提高观察能力和计算能力。

活动准备

足球比赛视频，比分牌。

活动过程

1. 组织幼儿讨论：怎样判断球赛的输赢？

2. 出示比分牌，引导幼儿观察、发现比分牌的秘密，知道球队进球时，用比分牌记分，每踢进一个球加1分。

3. 观看球赛视频，引导幼儿观察两队的进球情况，并进行记分、统分，知道以分数高低区分比赛输赢。

4. 视频回放，引导幼儿验证自己的统计结果，并组织讨论：为什么有的进球不得分？了解比赛时的各种犯规动作。

 活动建议

可引导幼儿观看大班幼儿的足球赛，进行比分的统计。

游戏四 找足球

 活动目标

1. 能根据图中球员踢球的动态判断足球所处的位置。
2. 能仔细观察，大胆猜想，在操作中提高思维的敏捷性。

 活动准备

踢球情景操作图（图中的足球被隐藏）、足球贴图若干。

活动过程

1. 集体观察踢球情景操作图，引导幼儿根据球员的方位和动态，猜想足

球的藏匿位置。

2. "找足球"分组操作游戏：幼儿人手一张踢球情景操作图，根据球员的方位和动态找到足球的位置并贴上足球贴图。

3. 分享交流操作结果，鼓励幼儿大胆表述找到足球位置的线索和理由。

4. "找足球"情景游戏：幼儿分成两队，一队当球员，摆出各种踢球动态，另一队当找球人，根据球员动态判断足球位置，摆上足球。互换角色进行第二轮游戏。

活动建议

可引导幼儿在美工区自主设计"找足球"的游戏，画出球员踢球的动态图，自行安排足球在图中的隐藏位置，邀请同伴看一看、找一找、贴一贴，提高游戏的趣味性。

游戏五 界外球

活动目标

1. 了解界外球的判罚规则。
2. 能仔细观察画面，正确判断由哪方发界外球。

活动准备

界外球的图片、视频,足球若干。

活动过程

1. 创设"带球去散步"的语言情境,引导幼儿在自由带球中,巩固对边界线的认识。

2. 捕捉幼儿把球带出界线的画面,引导幼儿观察、了解超出界线的球叫界外球。

3. 出示界外球的图片,引导幼儿观察寻找将球踢出界线的球员,并猜想由哪方发界外球。

4. 观看视频,了解界外球的判罚规则是:一方把球踢到界外,由另一方发球,比赛重新开始。提醒幼儿参加足球赛时注意控球,不要把球踢出边界线。

活动建议

教师可以在语言区域中提供相关的足球绘本,让幼儿自主阅读,了解多种判罚规则,明白参加足球赛时遵守规则的重要性。

知识游戏

 **我喜爱的球队**

活动目标

1. 了解近三届世界杯冠军球队，认识其队徽、球衣等。
2. 知道足球比赛是团队运动，合作共赢。

活动准备

足球，近三届世界杯冠亚军决赛的精彩片段和颁奖视频，冠军球队的队徽和球衣图片。

活动过程

1. 幼儿观看近三届世界杯颁奖视频，教师组织交流：谁是冠军？这支冠军队来自哪个国家？你是从哪里看出来的？他们的球衣有什么特定标志？引导幼儿认识这三支冠军队的球衣和队徽。

2. "看图竞猜"游戏：幼儿观察队徽和球衣图片中的标志性信息，竞猜球队队名。

3. 组织幼儿再次观看球赛精彩片段，并讨论：队员之间怎样互相配合？从而让幼儿知道足球运动是一项团队运动，需要集体的默契合作才能取得胜利。

4. "我喜爱的球队"分组模拟游戏：幼儿自由组队，选择队徽和球衣进行角色扮演、球赛比拼。提醒幼儿队员间要分工合作，密切配合，伺机进球，勇夺胜利。

 **活动建议**

事先可借助家长资源搜集近三届世界杯相关资讯，让幼儿了解世界一些著名球队的队名、球衣、队徽等信息；还可组织幼儿开展讲述分享"球星的成长故事"活动，了解贝克汉姆等世界著名球星的成长历程。

游戏二　开球先锋

 **活动目标**

了解开球的方法与规则。

活动准备

球赛视频，足球，赛况图，挑边器（硬币）。

活动过程

1. 让幼儿观察球场中点位置，讨论：这个点表示什么？引出"开球"话题。

2. 让幼儿观看球赛视频，定格画面，启发幼儿思考：什么情况下需要开球？引导幼儿发现开球有三种情况：球赛开始时、球赛下半场开始时、进球后球赛继续开始时。

3. "谁是开球方"游戏：观看球赛视频片段，启发幼儿判断并抢答谁是开球方。

（1）比赛开始前，裁判掷硬币，启发幼儿抢答：谁是比赛开始的开球方？

（2）上半场结束后，启发幼儿抢答：谁是下半场开始的开球方？

（3）一方进球后，启发幼儿抢答：进球后由谁来开球？

4. "开球先锋"小组游戏：幼儿五人组队模拟球赛，随机抽取赛况图，幼儿判断不同赛况下的开球方，学习开球。提醒幼儿开球时注意观察队友所站的位置，尽量把球传给自己的队友。

活动建议

玩"开球先锋"游戏前，教师可启发幼儿先自由结伴组队，商量确定开球人选，以避免现场出现队员争抢开球的现象；游戏中，可启发幼儿进行战术讨论，如：开球时，发球员的站位准备，开球后队员间如何传球、接球，等等。

游戏三　大力水手

活动目标

了解原地掷界外球的规则，学习掷界外球。

活动准备

足球一个，掷界外球视频片段，数字线标志。

活动过程

1. 组织幼儿观看掷界外球视频片段，讨论：球员如何抛掷界外球？让幼儿了解：发生界外球时，需要一名运动员站在边线外，用双手将球举过头顶，用力向场内投掷。

2. "掷球能手"游戏：幼儿站在边线外练习掷界外球。提醒幼儿双脚开立站在边线外，双手持球举过头顶向前抛球时，双脚不能离地。

3. "大力水手"竞技比拼：幼儿根据场地上的数字掷界外球，到达不同数字线得分不同，数字越大得分越高，得分最高者当选"大力水手"。提醒幼儿双手持球举过头顶，身体后仰，将球从脑后经头顶用力掷出。

活动建议

幼儿掷界外球时容易出现的违例动作有双脚离地、单手发球等，教师可自创儿歌"界外球六不得"：掷界外球，有六不得。掷球时，脚不得越过边线踏入场内；脚不得离地；手不得有停顿；持球不得超5秒；不得单手发力；掷球后，不得再触球。儿歌可以帮助幼儿明确界外球规则及动作要领。教师还可让幼儿当小裁判，相互观察、判断掷界外球动作的正误，以促进幼儿掌握正确的动作要领。

游戏四 球门球

活动目标

了解球门球的规则,知道踢球时不能用力过猛。

活动准备

球门球视频、足球若干。

活动过程

1. 营造"球球迷路"的语言情景,引发幼儿思考:球被踢出对方球门底线后,怎么办?

2. 观看球门球视频片段,引导幼儿知道射门时,当攻方球员将球踢出守方底线后,由守方守门员发球门球,比赛重新开始。提醒幼儿参加足球赛时,踢球要讲究方法,不能用力过猛。

3. 体验"球门球"情景,幼儿分成攻守两方,组织攻方射门,守方负责寻找踢出超过底线的门外球,轮流练习发球门球,巩固对球门球的认识。

活动建议

集中游戏的体验时间有限,可引导幼儿在户外活动区自主组合,分角色继续玩"球门球"游戏。

游戏五 角球

🖉 活动目标

了解角球的判罚规则，体验发角球的方法。

🖉 活动准备

罚角球图片及视频片段，足球若干。

🖉 活动过程

1. 参观足球场，引导幼儿寻找、认识角球区。

2. 出示罚角球的图片，引导幼儿观察与思考：为什么球从角球区发射？

3. 欣赏球赛视频片段，引导幼儿知道防守方把足球踢出球门线时，裁判会吹响哨声，暂停球赛，由对方在角球区发球，让比赛继续。

4. 实地体验，引导幼儿体验角球区发球。提醒幼儿发角球时要朝己方球员的方向发射。

🖉 活动建议

可将幼儿认识的各种球赛判罚规则串联成球赛故事，提供操作台和指偶，在表演游戏时间，让幼儿说一说、演一演，进一步理解包含角球在内的各种判罚规则。

 幼儿园足球游戏的设计与组织

一、大班幼儿身心发展特点

动作发展目标

目标一：具有一定的平衡能力，动作协调、灵敏。

1. 能在斜坡、荡桥和有一定间隔的物体上较平稳地行走。

2. 能以手脚并用的方式安全地爬攀登架、网等。

3. 能连续跳绳。

4. 能躲避他人滚过来的球或扔过来的沙包。

5. 能连续拍球。

目标二：具有一定的力量和耐力。

1. 能双手抓杠悬吊起 20 秒左右。

2. 能单手将沙包向前投掷 5 米左右。

3. 能单脚连续向前跳 8 米左右。

4. 能快跑 25 米左右。

5. 能连续行走 1.5 千米以上（途中可适当停歇）。

目标三：手的动作灵活协调。

1. 能根据需要画出图形，线条基本平滑。

2. 能熟练使用筷子。

3. 能沿轮廓线剪出由曲线构成的简单图形，边线吻合且平滑。

4. 能使用简单的劳动工具或用具。

心理发展特点

大班幼儿的心理活动概括性和有意性表现得尤为明显。他们好问好学，思维活跃，不再满足于了解表面现象，喜欢学习一些新的知识和技巧，有一定的坚持性。他们的思维仍然是具体的，但是明显地出现抽象逻辑思维的萌芽，能掌握较抽象的概念，而不需要以具体事物作为标志。他们开始掌握认知方法，在观察、注意、记忆等过程中注意力时间更长，自觉控制和调节自

己心理活动的能力也有所增强；会计划自己的思维过程和行动过程，在意志行动中也能尝试用各种方法控制自己。他们的个性初具雏形，对事物开始有了比较稳定的态度，情绪也不像以前那么容易变化，能适当控制自己的情绪。

游戏特点

大班幼儿处于象征性游戏的高水平阶段，已摆脱了实物直观相似性的束缚，可以用语言、动作替代实物进行游戏，有一定的抽象逻辑思维，在游戏中目的明确，计划性增强，能自行讨论游戏主题、构思环节、分配人员、创设环境，积极主动地进行游戏。游戏内容更丰富，主题更新颖多样，能反映较为复杂的人际关系。此阶段幼儿喜欢有一定难度和富有挑战性的体育竞赛类的规则游戏，并懂得遵守规则；合作游戏特征突出，喜欢且善于和同伴合作游戏，解决问题的能力进一步增强，能自行处理游戏中出现的纷争。

二、大班足球游戏的目标、内容、设计要求

目标

1. 喜欢并且积极主动地参加足球活动，对足球活动尤其是团体对抗的足球比赛有期待。

2. 向往加入足球队，对足球队有好奇心，愿意为集体做事，有较强的集体荣誉感。

3. 具备较强的规则意识和竞赛意识，在多人游戏中能自觉遵守比赛规则。

4. 能综合运用各种足球动作对场上情况作出反应，提高身体协调性和灵敏性。

5. 对足球文化有探究的欲望，知道世界足球的一些重大事项，初步了解我国足球的现状，增强国家荣誉感。

6. 在足球游戏中能注意安全，不给他人造成伤害，提高自我保护和控制能力。

内 容

1. 学习扣球、射门、对抗、躲闪等动作。

2. 了解五人趣味比赛的基本赛制及分工职责，能设计简单的战术进行防守和进攻。

3. 学习听辨球场上口哨声的指令，知道球门球、角球、点球等的判罚规则，初步掌握开界外球、角球、手抛球、任意球等方法。

4. 了解球赛的整体流程，认识著名球队和球星。

设 计 要 求

大班幼儿已能掌握足球基本动作，在巩固中班学习的足球动作基础上，应对其在动作的力量性、准确性、衔接性等方面提出更高的要求。幼儿理解别人、分享自己的能力进一步提升，教师可综合设计多人合作游戏，鼓励幼儿在活动中分工合作，甚至主动发起活动并制订游戏规则。具体到足球游戏中，前期教师可以尝试设计组合动作游戏，引导幼儿关注游戏流程，参与游戏的设计和规则的制订，甚至进行小小战术的渗透，使得整个团队协作游戏逐渐向有序顺畅的方向发展；后期可以引入对抗性游戏和竞争机制，在足球比赛中培养幼儿敢于争取、勇于向上的性格，提高其躲避、加速、对抗、进攻、防守等能力，同时渗透简单的足球文化和氛围，让幼儿了解世界及中国足球的情况、足球赛的整体流程、足球奖项的设置等足球文化内容，筹备、开展足球嘉年华赛。

动作游戏

 躲避螺旋桨

游戏视频二维码

 活动目标

寻找机会用脚背或脚弓把球踢出圈外，提升躲闪能力和灵敏性。

 活动准备

足球若干，高台一个，绑绳子的波波球一个，标志物若干。

 活动过程

1. 介绍"躲避螺旋桨"游戏，教师站在高台上甩动波波球，模拟螺旋桨，鼓励幼儿利用甩动的间隔时间，捡起地上的标志物扔向外侧。

2. "躲避螺旋桨"游戏：用足球替换标志物，教师指导幼儿判断螺旋桨甩动的轨迹，抓住时机把场地上的足球踢开。

3. 幼儿自主游戏，一幼儿站在圆圈中心高台上甩动螺旋桨，其他幼儿抓住时机跑到圆圈中把球踢到圈外，避免被螺旋桨攻击到。教师指导幼儿注意观察，抓住时机用脚背或脚弓把球踢出圈外。

活动建议

游戏前教师可带领幼儿观看直升机视频，了解其螺旋桨特点。游戏时教师可先用较慢的速度甩动螺旋桨，留充分的间隔时间能避免幼儿产生畏惧心理；待幼儿熟悉游戏后再逐渐提高甩动速度，给幼儿增加挑战性；还可采用积分的形式，鼓励幼儿大胆寻找机会进圈踢球。

游戏二 打倒怪兽

活动目标

1. 学习助跑脚弓射门。
2. 能调整射门的角度击倒怪兽，体验游戏的快乐。

活动准备

1. 足球若干个。
2. 在球门前放置怪兽板，创设"打倒怪兽"的游戏场景，在离球门5米处设置起点线。

活动过程

1. 自由射击：鼓励幼儿在起点处选择不同位置的怪兽自由练习用脚弓射击。

2. 听指令射击：教师为怪兽编号，引导幼儿听编号调整角度射击相应的怪兽，提醒幼儿用脚弓射击。

3. 助跑射击：幼儿分成

两队,用助跑射门的动作瞄准指定怪兽并击倒。提醒幼儿先助跑一段距离,最后一步用脚弓射门。

4."打倒怪兽PK赛":幼儿分两组比赛,用助跑脚弓射门动作射击怪兽,以规定时间内击倒怪兽数量多者为胜。

活动建议

教师根据幼儿的击中率,适当调整射程,以提高幼儿的成功体验,增强其自信心。教师还可启发幼儿思考:怪兽的编号还可以怎么设计,可以用哪些不同的方式叫出编号,等等。在游戏中整合数学的运算、相邻数等数学经验。

游戏三 两人三足

活动目标

1. 尝试使用非惯用脚运球。
2. 能与同伴相互合作,提高默契度。

活动准备

足球若干个,球门两个,绑带若干,记分牌,两色球衣若干。

活动过程

1. 回忆"两人三足"游戏,尝试把该游戏融入足球游戏中,幼儿两两自由组合,商量好先迈出哪只脚。

2. "两人三足齐运球"游戏：指导幼儿互相配合运球到场地的另一边，练习一定时间后两个队员左右位置互换，继续游戏。

3. "两人三足"团体赛：鼓励幼儿用非惯用脚运球、射门。率先获得指定进球数的一方为胜。

活动建议

教师可启发幼儿用自己的形式进行游戏拓展，如喊数字、左右、节拍等以保持两人腿部动作的一致，避免摔倒。游戏开始时，幼儿控球难度大，可提供盒子、瓶子等多种材料替代足球，引导幼儿先进行练习，掌握双人控球要领后，再用足球进行游戏。

游戏四　射门挑战赛

活动目标

学会观察判断来球方向，选择合适的接球方式射门。

活动准备

人手一个足球，球赛片段剪辑视频，球门。

活动过程

1. 欣赏球赛片段，知道可以从多种角度射门。

2. 教师从不同方位滚球，请个别幼儿观察判断来球方向，示范接应射门。

3. 个别幼儿担任发球员，尝试从不同角度滚球，其他幼儿练习接球射门。

4. 教师交替发出滚球和弹跳的球，提高难度，引导幼儿讨论并选择合适的方式射门：如何接应不同的球进行射门？鼓励个别幼儿尝试示范。

5. "射门挑战赛"分组游戏：在游戏中引导幼儿学习判断接应不同方位的球，对滚动的球或者弹跳的球，选择合适的方式射门。让幼儿统计进球数，评选"小小射手"。

 活动建议

接应弹跳的球比滚动的球难度大，幼儿可能会出现慌乱的情绪，教师可由易到难，循序渐进，让幼儿逐步尝试。

 游戏五 九宫格

游戏视频二维码

 活动目标

1. 感知触击足球不同位置会影响射门的高度。
2. 提高射门的远度、高度和准确度，增强其腿部力量和爆发力。

活动准备

人手一个贴有标志点的足球（黄、红和黑标志点分别位于足球的中部、中下部和底部），九宫格射门板若干。

活动过程

1. 幼儿根据已有的踢球经验，自主探索怎样踢可以让球飞起来。引导幼儿快且有力地用脚背踢足球下部。

2. "踢一踢"游戏：将足球上的黑色标志点紧贴于地面，引导幼儿观察足球上的黄、红标志点，尝试触击，感知触击足球不同位置对射门高度和准确度的影响。

3. "九宫格"游戏：引导幼儿选择九宫格射门板一个格子为目标，将球踢入格子内，踢中越高的格子得分越高。指导幼儿用力触击足球的中下部，使足球离开地面。

4. 提高游戏难度，引导幼儿在距离九宫格 5 米处开始助跑将球踢入九宫格格子内，每个幼儿有 5 次射门机会，得分高者为胜。鼓励幼儿射击高处的格子，以获得更高分。

活动建议

可以把九宫格设置为可伸缩式的，根据游戏情况和幼儿的能力差异，及时调整九宫格的宽度和高度。也可整合数学领域的知识，如相邻数、数的运

算等经验，在格子上设置相应的数字，让幼儿自己计分，拓展学科领域间的联系。

游戏六 老狼老狼几点钟

游戏视频二维码

活动目标

巩固脚底后拉球转身动作，提高控球能力。

活动准备

1. 人手一个足球，老狼及动物头饰若干。
2. 创设"森林"场景。

活动过程

1. 教师扮演老狼，带领幼儿玩"老狼老狼几点钟"的游戏。

2. 将足球带进"老狼老狼几点钟"的游戏，教师扮演老狼，引导幼儿将游戏改为后退走，幼儿尝试用脚底交替后拉球，在老狼回答几点钟时停球，并在老狼转身时，迅速转身踩住球。

3. 幼儿分角色游戏，一部分扮演老狼，一部分扮演小动物，小动物边问"老狼老狼几点钟"边用脚底交替后拉球，当听到"天黑了"，幼儿迅速转身踩住球，若没有踩住球被老狼发现，则要被"吃掉"。

🖉 活动建议

幼儿转身停球动作熟练后，可创设"动物家"的场景，引导幼儿转身快速运球回家，巩固后拉球—转身—快速运球动作的连贯性，渗透足球赛中的抢断反攻战术。

游戏七　守护足球

🖉 活动目标

学习行进间脚底交替推拉球，提高控球能力。

🖉 活动准备

人手一个足球，倒 T 字图示，L 字图示、小型笼式足球场。

🖉 活动过程

1.巩固推拉球动作，尝试用脚底向前推球、向后拉球、向左拉球、向右拉球。

2. 地面贴倒 T 字图示，指导幼儿看图示学习向指定方向推拉球。

3. "守护足球"游戏：在方形场地四个角贴上图示，幼儿将场地一角的球根据图示方向，护送到场地中间，引导幼儿根据图示行进间交替推拉球。

4. 提高游戏难度，在小型笼式足球场，幼儿两两游戏，一个抢球，一个护球。提醒幼儿用推拉球的方法抢护球。

游戏前教师可鼓励幼儿自行设计并绘制图示。除了用图示的形式引导幼儿自主学习向指定方向推拉球，教师还可鼓励幼儿设计"小小指挥员"等游戏，引导幼儿两两或小组间互相学习。在没有笼式足球场的条件下，教师可启发幼儿利用大积塑、小围栏、拉网等材料搭建成相对封闭的游戏空间。

游戏八　小小战术员

游戏视频二维码

1. 巩固传接球，提升传接球动作的稳定性。
2. 了解足球比赛中简单的战术，增强幼儿的团队合作意识。

活动准备

足球若干，球门两个，两色球衣若干，计时器一个。

活动过程

1. 让幼儿观察足球战术板，教师介绍游戏玩法：幼儿分两组，每组 5 人，在场地两侧呈网状定点站位，足球按 1 号至 5 号顺序传接，最后由 5 号将球传至球门里。

2. 幼儿自主游戏，组建队伍，协商分号，同组队员穿上同色球衣，站在相应的位置进行传接球练习。提醒幼儿注意力集中，主动迎球，在传球动作完成后应迅速观察下一个来球。

3. "限时传送赛"集体游戏：选两个幼儿担任战术员，由战术员分配场上位置，在传送过程中观察、指挥能力薄弱的幼儿，2 分钟时间内传送球至球门较多的队伍为胜。战术员角色可轮流担当，进行多次比赛。

 **活动建议**

可让幼儿借助战术板自主制订战术路线进行游戏，还可以通过抽卡牌等产生随机战术路线进行游戏。

游戏九 蟒蛇穿树林

游戏视频二维码

 **活动目标**

1. 学会两两合作行进间传接球。
2. 培养同伴间游戏的默契度。

活动准备

1. 两人一个足球，标志筒若干。
2. 创设"树林"场景。

活动过程

1. 引导幼儿观察"树林"场景，辨识蟒蛇爬行的S形路线。

2. 让幼儿尝试两人合作行进间传接球，指导幼儿向斜前方传球给对方后，随即跑到前面接应对方再次传过来的球。

3. "蟒蛇穿树林"游戏：幼儿扮蟒蛇沿着树林的S形路线，尝试两两合作行进间运球。提醒幼儿先用脚弓传球，随后向前跑动接球。

4. 小组开展竞赛游戏，幼儿分成两组，两两合作行进间运球，快速穿越树林，以速度快者为胜。提醒同伴间注意互相配合。

🖊 **活动建议**

游戏前教师可以借助视频、故事、绘本等形式，帮助幼儿丰富蟒蛇穿树林的S形路线经验。幼儿在移动中要同时关注来球方向并判断接球位置有一定的难度，可以先提供标志盘辅助定位接球点，待幼儿熟悉后再撤掉标志盘连贯练习。

游戏视频二维码

游戏十　小鱼捕食

🖊 **活动目标**

能按指令变换脚背、脚内侧触球和运球。

🖊 **活动准备**

1. 足球若干个，鱼嘴套饰一人两个。
2. 创设"大海"场景。

🖊 **活动过程**

1. 把足球当作鱼食放在场地四周，幼儿扮演小鱼入场，教师引导幼儿观察鱼食的位置。

2. 幼儿将鱼嘴套饰贴在脚背和脚内侧，观察并分辨脚背和脚内侧的位置，学习听指令用脚背或脚内侧碰鱼食。

3. "小鱼捕食"游戏：教师指导幼儿根据不同指令变换脚背、脚内侧触球和运球。

4. 增加"鲨鱼抢食"情节，教师扮演鲨鱼拦截小鱼抢夺鱼食，引导幼儿根据鲨鱼移动方向，用脚背和脚内侧运球来躲避拦截。

活动建议

在"活动过程"最后一个环节，可尝试让个别幼儿扮演单条鲨鱼或几个幼儿扮演多条鲨鱼，增加游戏的趣味性。

游戏十一 翻盘游戏

游戏视频二维码

活动目标

巩固运球和停球动作，提高运球的速度和反应能力。

活动准备

人手一个足球，红绿两色标志盘若干，口哨一个，红绿两色球衣若干。

活动过程

1. "听哨声"游戏：教师指导幼儿根据哨声的变化运球和停球。

2. 介绍"翻盘"游戏，引导幼儿观察红绿两种不同颜色的标志盘以及标志盘正反两

面，听指令迅速翻盘，将自己的盘正面朝上，对方的盘朝下，规定时间内翻盘多的一组为胜。

3. 加入足球，提升难度。鼓励幼儿在停球的同时翻动标志盘。提醒幼儿运球时注意控制球速，停球翻盘时，脚不能离球。

4. "翻盘PK赛"：幼儿分两队运球翻盘。游戏结束时，统计盘正面朝上数量多的一队为胜者。

活动建议

教师启发幼儿用不同形式来替代"听哨声"游戏，在区域活动中引导幼儿自主设计不同的翻盘游戏规则，并延伸到户外活动，继续开展多样的翻盘游戏。

游戏视频二维码

游戏十二 贪吃蛇

活动目标

1. 会寻找同队的队员，能迅速向目标方位运球。
2. 理解并遵守游戏规则，有团队意识。

活动准备

足球两个，球门两个，两色球衣若干。

活动过程

1. 了解手机游戏"贪吃蛇"，利用展板进行立体动态解析游戏：幼儿分两组,同组穿同色球衣,两组各选一名幼儿当蛇头开始运球,其他幼儿分散站位在球场上,蛇头寻找队友,新加入的幼儿将成为蛇头运球,之前的幼儿拉着前面幼儿的下衣摆,以此类推,最后将球送至指定球门。

2. 幼儿自主游戏,协商组队。游戏中,提醒幼儿在运球过程中抬头观察,随时准备运球的交接。

3. "贪吃蛇 PK 赛"集体游戏:幼儿分两组分散站位,教师将球随机交于其中两个不同组的幼儿后开始比赛,先寻找到所有队员并将球送进指定球门的一方为胜。

活动建议

当幼儿熟悉玩法后,可选择大场地开展游戏,通过增加参与人数或游戏的干扰角色,提高趣味性和挑战性。

游戏十三 冲过火力网

活动目标

1. 懂得观察并根据场上情况的变化及时变化运球方向，躲闪障碍。
2. 在传接球时能找准时机，通过配合进行拦截。

活动准备

足球若干个，创设"火力网"游戏场景。

活动过程

1. 幼儿站在长方形场地一边，教师引导其运球到场地对面，让幼儿了解运球方向和路线。

2. 增加"火力网"，让幼儿知道火力网可以用来阻击对手，讨论：如何通过传接球进行阻击？如何安全冲过火力网？

3. "冲过火力网"游戏：幼儿分成穿越队和阻击队，穿越队员边观察边徒步通过火力网；阻击队员站在火力网两边，用传接球进行阻击。教师提醒穿越队员要时刻观察场上情况，及时躲避来球，避开阻击，冲过火力网；引导阻击队员注意把握时机，通过传接球配合进行阻击。

4. 穿越队员运球冲过火力网，提高游戏难度。教师引导幼儿边运球边观察两边的来球，及时转变运球方向躲闪障碍。

活动建议

教师可先让幼儿观看"穿越火线"相关的视频，让其了解"火力网"游戏紧张刺激的特点，知道时刻观察场上情况的重要性。教师还可启发幼儿思考如何增加游戏难度，如：适当缩小火力网的宽度，或增加阻击队员的数量，以提高游戏的挑战性。

游戏十四 传送带

活动目标

1. 能多人合作手拉手运球，培养默契感。
2. 巩固脚弓运球绕障碍行进的动作。

活动准备

1. 人手一个足球，标志筒若干。
2. 创设"传送带"场景，用标志桶布置出一圈环形通道，通道尽头放一个旗杆做障碍。

活动过程

1. 让幼儿了解传送带，教师布置传送任务及传送路线。
2. 幼儿单人游戏，教师指导幼儿用脚弓运球绕过障碍后返回起点，完成传送任务。
3. 幼儿两两游戏，手拉手结伴

运一球。启发幼儿讨论"传送带如何快速恰当地旋转，才能保持不掉链子"，提醒幼儿带好球，手不松开。

4. 开展多人运一球接力传送比赛：第一个队员运球完成任务，回到出发点牵上第二个队员后，两人运一球再次出发，以此类推，直到所有队员都加入其中，最快完成传送任务的胜出。提醒幼儿不能松开手，犯规者算传送失败须空转一圈。

5. 开展多人运多球接力传送比赛。指导幼儿运球时控制好自己的球速，能配合新加入的接力队员的运球速度，尽量协调同步。

活动建议

游戏前让家长带领孩子了解什么是传送带及其循环旋转的特点。多人运多球接力的难度较大，会出现幼儿丢球的情况。教师在设计和组织游戏时可根据幼儿的实际水平，从单人运球—两人走动运一球—两人走动运两球—两人跑动运一球—两人跑动运两球—多人走动运球—多人跑动运球—多人运多球接力等循序渐进地进行训练。

游戏十五 赛车接力

活动目标

能扣球过障碍，懂得控制球速，不让球远离自己。

活动准备

1. 人手一个足球，赛车旗若干，两色球衣若干。
2. 创设"赛车道"场景。

活动过程

1. 教师带领幼儿运球，熟悉赛车场的四个赛段，知道每个赛段尽头都有一个障碍。

2. "赛车过障碍"游戏：幼儿运球到距障碍物一步之外，扣球过障碍。指导幼儿用右脚内侧向左前方轻扣球，紧跟着左脚控制球。

3. "赛车接力"游戏：幼儿分组以接力形式进行比赛。

（1）幼儿走动扣球进行接力。提醒幼儿每个赛段扣球过障碍后，下一赛段的队员才能接力。

（2）幼儿跑动扣球进行接力。引导幼儿控制球速，不让球远离自己。

 幼儿园足球游戏的设计与组织

活动建议

幼儿扣球过障碍时,需要根据赛道的方向,判断用哪只脚轻扣球。教师可鼓励幼儿绘制方向图示卡,并在障碍物处贴上相应的图示。图示能帮助幼儿掌握动作,待幼儿熟悉动作后再撤除图示卡让幼儿自行判断。

游戏十六 螃蟹抓鱼

活动目标

学会跑动变向运球,在行进中扣球躲避障碍,体验足球游戏的乐趣。

活动准备

1. 人手一个足球,小鱼、螃蟹头饰若干。
2. 创设"海底世界"场景。

活动过程

1. 创设"海底世界"场景并带入足球游戏中,幼儿扮演小鱼在场地上运送鱼食(足球),教师发出地点的指令(如:游到珊瑚礁),小鱼快速跑动运鱼食到指定地点。引导幼儿注意听指令,按要求跑动变向运球。

2. "螃蟹抓鱼"游戏:幼儿扮演小鱼,教师扮演螃蟹,双脚为大钳子,以坐爬姿势阻拦小鱼通过,小鱼边运球边避开螃蟹的阻拦。引导幼儿尝试用扣球躲避螃蟹的阻拦。

3. 幼儿分角色游戏，一部分扮演小鱼，运鱼食前行；一部分扮演螃蟹，阻拦小鱼前行。引导幼儿边观察附近的螃蟹的动向，边扣球躲避螃蟹。

4. 以竞技赛形式进行游戏，螃蟹每阻断一次，或小鱼每通过一次，就分别加 1 分，最后分数高的一方获胜。

活动建议

教师可鼓励幼儿通过视频、绘本故事等形式，了解海洋世界的秘密，感知螃蟹爬和小鱼游的特点；还可启发幼儿根据不同海洋生物的特点，自行设计不同的游戏情节和动作进行游戏。

游戏十七 黑衣人

游戏视频二维码

活动目标

1. 学会扣球过人射门，提高身体的灵敏性。
2. 在进攻和拦截中，体验竞技足球游戏的乐趣。

活动准备

足球若干个，黑衣人立牌若干，黑色球衣一件。

活动过程

1. 在球场中放置黑衣人立牌。引导幼儿观察场地上放置的黑衣人立牌，在离黑衣人一步之距，扣球绕过黑衣人立牌。

2. 提高游戏难度，教师扮演移动的黑衣人在中间拦截，幼儿从起点运球向前，扣球躲过黑衣人到达终点。指导幼儿判断黑衣人拦截方向，扣球过黑衣人。

3. 幼儿分两队游戏，一队当黑衣人，在场地中间防守拦截球；另一队当进攻方，扣球躲过黑衣人后射门。引导幼儿扣球躲过最靠近球门的黑衣人后，迅速抬脚射门。一段时间后两队互换角色继续游戏。

活动建议

可根据幼儿的游戏情况逐渐增加黑衣人数量，提高进攻难度。游戏中会出现幼儿的球被黑衣人踢走后转而去抢队友的球射门的情况，教师可引导幼儿自由讨论解决此问题的方法，鼓励幼儿自主制订游戏规则。

游戏十八 穿越迷宫

活动目标

能根据迷宫的线路图，综合运用学过的足球动作，控球走出迷宫。

活动准备

1. 人手一个足球。
2. 创设"迷宫"场景。

活动过程

1. 教师组织幼儿观察了解场地上的迷宫，讨论"怎样带球过迷宫"，让幼儿知道带球的同时还要注意观察迷宫路线。

2. 幼儿自主尝试带球走迷宫。教师提醒幼儿用学过的推球、拉球、停球等动作调整球的位置，控球过迷宫。

3. 分组"迷宫接力赛"：幼儿运球穿越迷宫，下一个幼儿在出口接球接力，直到最后一个幼儿穿越完迷宫，用时最短的一组胜出。提醒幼儿注意边控球边观察行进路线。

4. 缩小迷宫路线宽度，增设死路、路障等，提高挑战难度。鼓励幼儿不断调整脚部触球位置，较熟练地控球走迷宫。

活动建议

活动中，教师可以鼓励幼儿为对手创设不同的迷宫，或启发幼儿设置不同的关卡内容，在关卡内容中融入更多的足球动作，如勾球、挑球等，丰富游戏内容。幼儿根据关卡内容完成任务，巩固相应的足球动作。

游戏十九 抢占逃生洞

活动目标

1. 在抢占游戏中学会运用对抗的正确姿势。
2. 能大胆参与对抗游戏,培养勇敢的精神。

活动准备

大圈数量是人数的一半,标杆若干。

活动过程

1. 面对面抢占逃生洞:在场地中间设置逃生洞(大圈),幼儿结伴两两组合,面对面,听到口令后相向跑动,与对方肩对肩对抗,抢占逃生洞。鼓励幼儿勇敢对抗,不畏惧。

2. 绕圈抢占逃生洞:将逃生洞组合成大圆圈,幼儿同向绕大圈跑动,听到口令,立即用肩膀对抗,抢占逃生洞。提醒幼儿夹紧手臂集中力量对抗。

3. 穿越标杆抢占逃生洞:在终点处设逃生洞。幼儿分两纵队站在起点处,听到口令后同时以 S 形穿越标杆,每经过一个标杆,两两用肩膀侧身对抗,直至终点,最先抢占到逃生洞的为赢家。

活动建议

游戏前教师可组织幼儿观看对抗性视频，引导幼儿讨论"玩对抗游戏时如何保护自己"，丰富安全常识。性格怯懦的幼儿对冲击性较大的碰撞游戏会产生畏惧心理，教师可先提供不倒翁等材料供这些幼儿自主练习，以帮助他们更好地掌握对抗的动作。

游戏二十 抢球回家

活动目标

初步学会对抗抢球，能大胆地参与对抗游戏，培养反应能力。

活动准备

1. 足球个数是人数的一半，游戏音乐。
2. 创设"足球的家"场景。

活动过程

1. 幼儿两人一组玩"瞬时抢球"游戏：场地中放一个足球，两人面对面站在足球两边，听到信号后原地抢球，抢到后及时踩住球。指导幼儿一脚屈膝，一脚向前跨步，用脚内侧控制住球。

2. 两人游戏"持续抢球"：音乐开始后幼儿互相抢球，直到音乐结束时，谁抢到球就由谁踩住球。引导率先抢到球的幼儿张开

手臂，利用躯干和腿部将对手挡在身后，使球持续保持在自己的可控范围内。

3.两人游戏"抢球回家"：距幼儿身后3米处各放置一个球门当作家，幼儿根据音乐指令抢球，音乐停止时抢到球的幼儿转身快速运球回家，丢球幼儿立即进行追击。引导幼儿边运球边躲避对方的追击，将球运回家。

活动建议

游戏前，教师可帮助幼儿丰富避免冲撞的经验，提高安全游戏意识；还可以鼓励幼儿自主设计抢球游戏并与家长进行尝试，让幼儿在与家长的互动中安全掌握快速抢球的技巧。

规则游戏

游戏一 叫号接球

1. 知道守门员拿球后有反击机会，可以利用手抛球发动进攻，学会手抛球。
2. 能通过喊话和同伴相互配合游戏，提高反应能力和默契度。

足球一个，守门员手抛球视频，口哨，带号数的球衣若干，记分牌。

活动过程

1. 幼儿观看守门员手抛球视频，教师启发幼儿讨论：为什么要手抛球？怎么发手抛球？帮助幼儿了解守门员手抛球的时机和动作，知道在拿球后有反击机会，可以利用手抛球发动进攻。

2. "叫号接球"游戏：幼儿穿带号数的球衣站在圈外，持球人叫号并手抛球。提醒持球人朝对应号数的幼儿手抛球，其他幼儿集中注意力听信号接球。

3.转圈"叫号接球":教师鸣哨后,圈上幼儿逆时针转圈,听到持球人叫号后停止转圈,被叫号的幼儿迅速接球。引导圈上幼儿及时根据信号作出停止、接球等反应。

4.分组比赛:持球幼儿喊出队友号数后手抛球,队友及时配合接球,一定时间内接住球多的一方获胜。鼓励幼儿在抛接球游戏中互相呼喊交流。

活动建议

教师可以通过调节转圈的速度来提高幼儿反应能力,还可通过调节圆圈的直径,引导幼儿练习不同距离的手抛球。此游戏还可在内容上进行延伸拓展,引导幼儿积累守门员的相关经验,如:守门员的发球规则,守门员的不同发球方法,等等。

游戏二 炸碉堡

活动目标

1. 知道掷界外球的规则,学会掷界外球。
2. 提高反应能力和移动接球的意识与速度。

活动准备

1. 人手一个足球,掷界外球剪辑视频,掷界外球犯规剪辑视频。

2. 创设"碉堡"一座。

活动过程

1. 观看掷界外球视频，了解掷界外球的动作：面向场地，两脚前后开立站在边线外，双手举过头顶，出球时双脚不能起跳。

2. 观看掷界外球犯规视频，引导幼儿发现掷界外球的犯规行为，如单手发球、双脚起跳等。

3. "炸碉堡"游戏：场地中放置碉堡，把足球当炸弹，幼儿站在边线外朝碉堡掷炸弹。指导幼儿双手持球举过头顶，将球从脑后经头顶掷出。

4. 增加碉堡的距离，提高游戏难度。指导幼儿双腿前后开立微曲，后脚蹬地，尽量将炸弹掷得远。

5. 幼儿分两组，进行掷界外球比赛，通过喊话提醒队友快速移动接球。引导掷球幼儿寻找处于较佳位置的队友，喊话提醒其接球，掷球后迅速进入场内为控球队员提供接应。

活动建议

幼儿掷界外球时易出现因动作不连贯造成的动作分解、脚离地等违规情况。教师可以引导幼儿两两一组，从近距离练习到相隔较远距离练习，让幼儿互相监督和纠错。在开展"炸碉堡"游戏前教师可以组织幼儿先在规定范围内玩掷远比赛，逐渐过渡到向具体目标掷准。当幼儿能较熟练地原地掷界外球时，教师还可以引导幼儿尝试助跑掷界外球。

游戏三 角球大战

活动目标

1. 能通过接应配合提高角球进球率。
2. 懂得观察队友位置,想好角球的落点。

活动准备

足球若干,战术板若干,踢角球视频,人形立牌若干。

活动过程

1. 以踢角球视频引入,引导幼儿观察并讨论:踢角球时怎么做可以进更多的球?知道能通过和队友的配合来提高角球进球率。

2. 结合战术板,指导幼儿两两一组,边讨论边操作接应队员的站位。

3. 幼儿两两一组游戏,一人踢角球,一人在场上定点位置接应射门。引导幼儿朝固定的落球点踢角球。

4. 在球门前放置人形立牌做障碍,指导踢球幼儿在不受障碍阻挡的路线上选择落球点,另一幼儿及时判断落球点进行接应。

5. 幼儿分组比赛,以踢角球开始。提醒幼儿通过接应配合来射门进球。

活动建议

游戏前教师可结合美术经验,启

发幼儿自行设计并绘制足球运动员人形立牌。教师可根据幼儿角球落球点的情况，适当增减球门前的障碍。游戏前期除了用人形立牌做障碍物外，还可用不倒翁、拳击棒等固定物替代，后期可由幼儿直接在球门前进行移动式防守。

游戏四 足球突击

活动目标

在游戏中体验任意球与间接任意球的射门技巧。

活动准备

人手一个足球，号码牌若干，口哨一个。

活动过程

1. "足球突击"游戏：学习听指令踢任意球射门。幼儿在半场内运球四散跑，听到哨声后停球，教师随机喊号数，被喊到号数的幼儿原地踢球射门。

2. 两两佩戴相同号数号码牌结对游戏，配合完成间接任意球射门。哨声响起，两两结伴手拉手运一球，被喊到号数的一组，一个幼儿原地踢球，另一个在适当的位置接应球射门，其他组幼儿在球门前站一排守门。教师指导幼儿判断并选择能避开守门者的位置接应球射门。

3. 幼儿分两队进行比赛，由进攻方的两名队员在指定位置踢间接任意球开始比赛。结束比赛时幼儿统计比分，以进球数多的一方为胜。

活动建议

游戏前可让幼儿通过观看视频了解直接和间接两种任意球的差别,知道和队友如何进行配合才能更好地完成任意球;游戏后还可引导幼儿通过足球赛、足球动画片、足球科普图书等形式,丰富关于任意球的经验。

游戏五 排兵布阵

活动目标

1. 了解五人制足球的基本阵型及分工职责。
2. 能在实战中根据阵型及站位完成相应任务。

活动准备

五人制足球赛视频,操作板若干,足球若干,阵型图卡若干。

活动过程

1. 教师组织幼儿观看五人制足球赛视频片段,引导幼儿观察五人制足球基本阵型:1-2-1阵型、2-2阵型、2-1-1阵型、1-1-2阵型,直观地了解人员站位,启发幼儿讨论:后卫、中场、前锋分别要做什么?

2. 幼儿随机抽取阵型图卡,在操作板上摆出相应阵型。启发幼儿根据阵型讨论:后卫、中场、前锋分别需要几个人?

3. "排兵布阵"分组游戏：幼儿协商讨论阵型并选择后卫、中场、前锋的不同分工人员，在球场上找到对应的位置。指导幼儿在实地场上根据阵型和分工进行站位，明确不同人员在球场上的具体站位。

4. 幼儿自行选择阵型比赛。提醒幼儿根据站位分工完成抢球、传球、射门等任务。

 活动建议

在实战中幼儿会出现未能根据站位完成相应任务的情况，教师可在赛前设置交流讨论或抢答游戏的环节，引导幼儿说说自己在本场的站位和分工，巩固其具体站位及分工意识。

游戏六　最佳进攻路线

 活动目标

尝试与队友协商进攻路线，并在实践中确定最佳路线。

 活动准备

足球一个，战术板，不倒翁。

 活动过程

1. 教师带领幼儿观察场地，帮助其了解球场上放置的不倒翁防守阵容位置，启发幼儿在战术板上做好记录，并与同伴共同商量进攻路线。

2. "过关斩将"游戏：幼儿根据战术板上的进攻路线进行现场

模拟,教师引导幼儿根据现场模拟时出现的问题或不合理处,继续调整进攻路线,直到找到较佳进攻路线。

3. 幼儿分两队游戏,防守队员替换球场上的不倒翁,形成可变化的防守阵型。教师引导进攻队员注意避开变化中的防守阵型,判断并采用较佳的路线进攻和突破。

教师可在区域活动中引导幼儿设计更多的进攻和防守路线,鼓励幼儿利用户外活动时间进行尝试和调整,优化进攻和防守路线。

知识游戏

游戏一 入场仪式和颁奖典礼

活动目标

了解球赛入场仪式和颁奖典礼程序。

活动准备

球赛入场和颁奖视频，各种球赛奖杯、奖牌照片，各人员名牌。

活动过程

1. 教师组织幼儿观看球赛入场和颁奖视频，引导幼儿了解球赛入场仪式和颁奖典礼的基本流程。

2. 教师展示各种球赛的奖杯和奖牌照片，引导幼儿辨识并交流"我知道的奖杯和奖牌"。

3. 模拟再现情景：幼儿抽取人员名牌（如裁判员、队员、球童、颁奖嘉宾、冠军队、最佳球员……），根据各自抽到的名牌扮演相应的角色，模拟再现入场、颁奖等情景，进一步了解球赛入场和颁奖典礼程序。

活动建议

可在游戏前让幼儿自主绘画制作人员名牌,增加幼儿的参与度。在游戏过程中,同伴之间可以互换不同的角色,多次游戏,多次体验。游戏结束后,幼儿在区域活动中玩游戏,可继续使用这些材料。

游戏二 著名球队、球星

活动目标

1. 了解世界著名球队和球星。
2. 愿意为中国足球的腾飞而努力,萌发热爱祖国的情感。

活动准备

各届世界杯冠军队的国旗照片,不同队标、球服、球星图片、球星头饰。

活动过程

1. "猜一猜"游戏:教师展示世界杯足球赛冠军队的国旗,引导幼儿猜一猜它是哪个国家的,说说最喜欢这个球队里的哪一个球星。

2. "我说你猜"游戏:每组选派两名队员,一名队员看球队的国旗或者球星卡片后,向另一名队员

提示该国家或者球星的信息，在一分钟内，队友每猜对一个得1分。

3."你说我动"游戏：每组选派一名队员到场上，任意抽取一位著名球星图片，并将其头饰佩戴好，遮住脸。通过其他队友给出的方位信息，快速移动到该球星在球场上负责的位置，（如：戴上梅西的头饰，根据队友提示往前后左右移动到前锋的位置）用时最短的队伍加3分。

4.讨论：世界杯足球赛冠军队里有没有中国队？球星里有没有中国队员？引导幼儿了解中国足球的现状，鼓励他们为未来中国足球的腾飞而努力。

活动建议

可根据游戏内容和活动场地，设置抢答题，与运动竞技相融合，如：选手须带球到指定位置，先到者获得答题权。

游戏三 我和球星交朋友

活动目标

1. 了解并认识几个足球明星。
2. 感知踢球的不同体态。

活动准备

搜集足球明星资料，球星精彩瞬间的视频和图片，全开画纸，粉笔、油画棒等不同的绘画工具，剪刀，硬纸板，水管。

活动过程

1. 谈话：我认识的球星。鼓励幼儿说说自己喜欢的足球明星（如贝克汉姆、梅西、姆巴佩、内马尔……）。

2."学一学"游戏：幼儿两两一组观看球星精彩瞬间的视频和图片，一人模仿球星踢球动作，一人拍照。引导幼儿摆出不同的踢球动作。

3."画一画"游戏：幼儿选择喜欢的球星，一人躺在大画纸上，模拟摆出球星踢球的动作，另一人将其身体轮廓画出。

4."玩一玩"游戏：幼儿将画好的球星的身体轮廓剪下，贴在硬纸板上，并在背面用水管固定将其立起，做成球

星人形立牌。幼儿根据球星在球场的位置，将人形立牌放置球场上当作对手（或队友）进行躲闪（或传球）游戏。

5."猜一猜"游戏：幼儿分为几组，教师根据某球星的特点，通过语言描述或动作模仿给幼儿提示，幼儿根据获得的信息，猜猜是哪个球星，猜对得1分，得分最高组胜出。

活动建议

教师可鼓励幼儿开展"拍一拍"游戏，幼儿自主地和不同的球星立牌拍照，自主摆出各种踢球的体态，增加趣味性。

游戏四 罚球竞答赛

活动目标

初步懂得球门球、角球、界外球等，了解几种罚球的方式。

活动准备

场景图，足球赛视频，记分牌，犯规指示牌，贴纸若干。

活动过程

1. "我来辨对错"游戏：师幼共同回顾罚球的几种方式，教师引导幼儿以抢答的方式，说一说球门球、角球、界外球的罚球规则，并指出罚球位置。

2. "我是小小裁判员"游戏：幼儿根据场景图上的球出界的情况来判定为球门球、角球或界外球，并根据判罚结果将贴纸贴在场景图上的罚球位置。教师引导幼儿通过观察场景图中球门、边线、角旗等信息来判定罚什么球。

3. "罚球竞答赛"：幼儿观看足球赛视频，在球出界后裁判判罚前教师定格视频画面，由幼儿举手竞答判定球出界的情况，幼儿判罚后，继续播放裁判判罚的视频，若幼儿和裁判判罚一致可得1分，判错不得分。

活动建议

教师可以引导幼儿进行现场演练，让幼儿置身于场景中，帮助其更清晰地辨别与判断。"罚球竞答赛"活动可以继续延伸到"足球知识知多少"比赛活动，鼓励幼儿通过各种途径和资源，丰富关于足球各方面的知识经验。

游戏五 听辨口哨声

活动目标

能辨别不同哨声代表的含义，知道不同哨声代表足球场上的不同指令。

活动准备

人手一个足球，裁判吹哨判罚视频合辑，口哨若干。

活动过程

1. 幼儿观看裁判吹哨判罚视频合辑，交流讨论：裁判员在什么时候吹口哨？让幼儿知道比赛开始、换人、犯规、结束等时刻裁判都会吹口哨。

2. "找不同"游戏：幼儿观看哨声的剪辑视频，教师引导幼儿发现哨声的不同，知道哨声代表的不同指令：一声长哨——开始；一声短哨——暂停；长哨带有波浪音——进球；两三声短促哨接一声长哨——结束。

3. "你吹我说"游戏：幼儿自由结伴，一个吹口哨，另一个说出哨声代表的指令。

4. "鸣哨木头人"游戏：幼儿运球移动，教师根据情况鸣哨示意暂停，幼儿及时将球踩在脚下原地站好，等教师再次鸣哨方可继续运球移动。引导幼儿注意分辨哨声，听到暂停哨声后及时作出反应。

5. 举行趣味足球赛，帮助幼儿在实战中巩固对哨声的认识。

游戏前可鼓励幼儿绘制换人、犯规等场景图，投放到"你吹我说"游戏中；也可以通过"你吹我做"的形式游戏，结合手势和黄牌、红牌等，引导幼儿进一步巩固不同的哨声指令。

区域游戏

项目式区域游戏：我的足球赛我做主

一年一度的足球赛开始啦！为了这场足球赛，大班的孩子们在区域中筹划了一个多月，快来围观吧。

一、足球赛应该是什么样的

调查记录：我了解的足球赛

讨论：我们想要的二幼足球赛是什么样的？

豆豆：邀请大班所有小朋友参加我们的足球赛，成立足球队和球迷啦啦队，再邀请庄老师当裁判，就可以比赛啦！

聪聪：我想和好朋友组成一支球队，还想设计属于我们自己的队标、队名、队服。

涛涛：给我们的足球赛起个名字吧！叫"二幼杯"足球赛，怎么样？

敏敏：我们的足球赛要和世界杯足球赛一样，要有足球奖杯、奖牌、纪念品、海报。

石头：邀请电视台来采访、转播，让大家都知道我们的球赛。

贝贝：准备门票，观众才能有序就座，最好要设置VIP（贵宾）和儿童专票。

小米：我们可以举办盛大的开幕式，节目我们自己来演，让它像世界杯开幕式一样隆重!

多多:世界杯开幕式上有许多球星到场,我们的开幕式也要邀请球星吧!

二、足球赛如火如荼地筹备中

组建足球队,设计奖杯、纪念品,编排开幕式节目……举办足球赛要准备的事情太多啦!还是先规划一下,一起分工合作才能把足球赛筹备好!

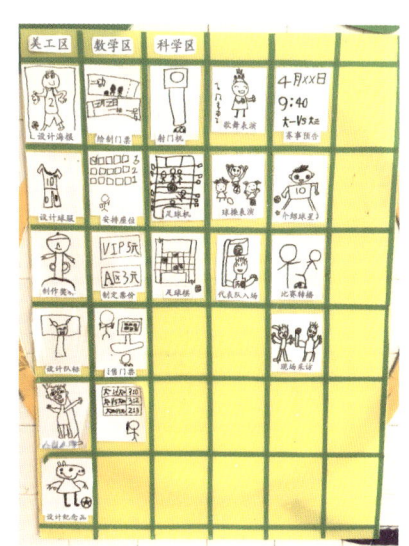

乐乐:我想为开幕式表演节目,可以让我进入表演区吗?

石头:我选择语言区,因为我想当电视台的记者采访足球明星,还想现场播报足球比赛进程……

豆豆:我想去美工区,我得为我们的球队设计队标、队服。

聪聪:我也想去美工区,因为我要为"二幼杯"足球赛设计独一无二的奖杯。

三、足球赛筹备活动紧锣密鼓地进行中

(一)自由组队、自创口号

1. 宝莉队。

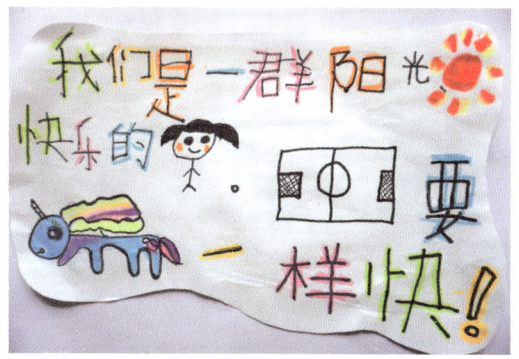

我们是一群阳光女孩!我们的口号:踢球,我们要像宝莉一样快!

2. 忍者队。

我们是忍者无敌！我们的口号："二幼杯"足球赛，我们一定要赢！

（二）美工区：制作球赛用品

1. 设计足球队标、队服。

2. 设计奖杯、奖牌。

3. 制作宣传海报。

4. 布置球赛场景。

设计横幅

设计背景

制作球星立牌，用不一样的方式把球星邀请进我们的足球现场

（三）表演区：策划开幕式

1. 为举办盛大的足球赛开幕式，我们努力编排节目……

设计节目　　　　　　　　　　　动作示意图

2. 球星有独特的出场方式哟!

(四)数学区:销售球赛门票

1. 设计门票。

足球场能容纳多少观众? VIP(贵宾)区、儿童专区设在哪里合适? 实地查看,现场统计比较稳妥!

查看现场

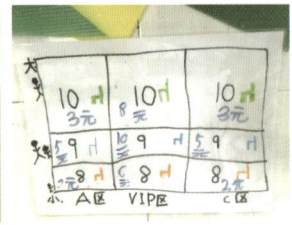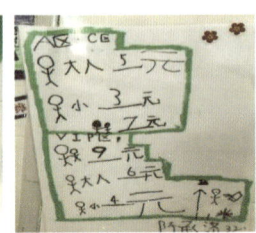

设计门票、定票价

2. 销售门票。

3. 统计销售量。

（五）语言区：携手电视台宣传

邀请电视台入驻报道，让更多的球迷了解我们的足球赛进程……

设置直播任务单　　　　　　　创设"追踪报道"栏目

主持人播报足球节目　　　　　足球节目组交流播报情况

四、揭幕战开始

经过精心准备,孩子们自己做主的足球赛开始啦!

1. 把自制的奖杯送入场。　　　　2. 激动万分的点燃火炬环节。

3. 欣赏开幕式的精彩演出。

4. 比赛正式开始啦!"二幼杯"足球赛奖杯会落入谁的囊中?和我们一起期待吧!

亲子足球游戏

一、亲子足球游戏的意义

家长是幼儿园教育的重要合作者,在幼儿园游戏课程的开发中发挥着举足轻重的作用。亲子足球游戏是利用家长资源,以足球为媒介开展的游戏活动,旨在有效地发挥家长作用,引导家长与幼儿积极互动,营造融洽温馨的亲子氛围,在亲子体验中充分激发幼儿的运动兴趣,帮助幼儿更好地学习足球基本动作。通过探究形式多样的亲子足球游戏组织形式,丰富幼儿园足球游戏课程,这对幼儿园足球活动的探索与研究具有重要的意义。

二、小班亲子足球游戏的目标、内容、设计要求

目　标

1. 喜欢与家长一起参与足球游戏,体验亲子玩球的乐趣,萌发对足球运动的兴趣。
2. 在家长带领下开展简单的亲子足球游戏,感受足球特性,积累球感。
3. 在家长的提醒下能遵守亲子足球游戏的规则,并注意安全。

内　容

1. 家长引导幼儿欣赏多样的足球活动,在玩球中认识足球。
2. 幼儿在家长的带领下学习触球、顶球、夹球、脚部推球等简单的足球动作。

设 计 要 求

小班幼儿处于象征性游戏初期,适合一些内容情节简单的、规则要求少、情景氛围浓郁的游戏。在亲子足球游戏中,借助家长资源可以更加高效地实现足球游戏目标。第一,家长和教师一起创设游戏场景,营造更温馨的游戏氛围;第二,家长采取一对一的指导,可以帮助幼儿更清楚地理解规则,更快地进入游戏状态,更清晰地了解足球基本动作,体验足球带来的快乐。小班

亲子足球游戏内容应以快乐的亲子互动玩球为主,并渗透触球、踩球、顶球、夹球、推球等简单的基本动作,让幼儿获得更多成功体验,培养球感,萌发对足球运动的兴趣。

三、中班亲子足球游戏的目标、内容、设计要求

1. 在与家长的交流分享中体验亲子合作游戏的快乐,萌发初步的竞争意识。
2. 在家长的帮助下,懂得足球动作的要领。能遵守亲子游戏规则,学会合作完成足球游戏任务。
3. 发挥家长的指导作用,培养初步的自理能力和自我保护能力。

1. 与家长共同观看球赛,判别比赛输赢,懂得简单的判罚规则。
2. 在家长的指导下巩固学习夹球、控球、传球、击准等简单的足球动作。

设计要求

中班时期是幼儿象征性游戏的高峰期,他们的游戏情节更加丰富,游戏常常带有情景性,内容更多样化,合作意识开始萌芽,但是由于分工、协调合作能力比较弱,还会经常出现同伴间的纷争。开展中班亲子足球游戏,家长的参与不仅可以丰富游戏情境,还能更好地引导幼儿解决同伴纷争,鼓励相互合作,更多地体验合作成功的快乐。中班亲子足球游戏形式要更为多样,除了亲子合作外,还有两两家庭、多个家庭组合,指定组合,自由组合等形式,同时,应巧妙地将夹球、控球、传球、击准、射门等简单的足球技巧动作融入亲子游戏中,引导幼儿积极地学习、分工、合作,体验足球游戏带来的成功和快乐。

四、大班亲子足球游戏的目标、内容、设计要求

目 标

1. 积极主动地参与亲子足球活动，对亲子足球活动，尤其是团体对抗的亲子比赛有期待，充分感受足球运动的魅力。

2. 进一步发挥家长的作用，在亲子游戏中交流策略，增强躲避、加速、对抗、进攻防守等能力，提高身体协调性和灵敏性。

3. 在亲子足球游戏中能注意安全，学习主动躲避危险，不给他人造成危险，提高自我保护和控制能力。

内 容

1. 与家长共同观看世界杯，了解球赛的整体流程，认识著名的球队和球星。

2. 在亲子的合作、对抗、竞争游戏中提升控球和传接球等足球基本技能。

设 计 要 求

大班幼儿处于象征性游戏的高水平阶段，这个时期的幼儿已摆脱了实物直观相似性的束缚，可以用语言、动作替代实物进行游戏，已经掌握基本的足球动作，期待自己的足球水平能力得到进一步提升。因此，大班亲子足球游戏应进一步发挥家长的积极作用，家长给予幼儿一些细节的语言指导，动作技能的互动交流，对幼儿在动作的力量性、准确性、衔接性等方面提出更高的配合要求，同时，鼓励幼儿对躲避、加速、对抗、进攻防守等简单战术进行策略分析，提高足球游戏水平。大班阶段应更多地开展一些具有一定难度和富有挑战性、有初步对抗性的亲子竞赛类游戏，在形式上，可以更多地开展亲子小组赛、对抗赛等。

小班亲子游戏

游戏一 碰碰车

活动目标

在亲子游戏中尝试用身体各部位触球,体验玩球的乐趣。

活动准备

网兜球若干,呼啦圈若干,用轮胎和标志桶等围成场地,音乐。

活动过程

1. 玩音乐游戏"碰一碰",家长与幼儿一起在音乐声中碰触身体各部位。

2. 迁移游戏经验,开展网兜球触碰游戏。

(1)家长持网兜球,发出各种触碰指令,幼儿根据指令用身体的各部位去触碰网兜球。

(2)幼儿自持网兜球,根据家长的指令用身体的各部位触碰网兜球。

3. 集体游戏"碰碰车"。

(1)亲子两两组合当成一辆碰碰车(借助呼啦圈),音乐响起,碰碰车开始行驶,在场上寻找其他碰碰车,两车相碰后快速后退,继续寻找其他车辆进行碰撞游戏。提醒大家放慢速度行驶,注意安全,碰撞时动作轻柔。

(2)迁移游戏经验,在场地四周悬挂高低不同的网兜球作为碰碰车,亲子

两两组合成一辆碰碰车。音乐响起，碰碰车自由行驶，行至网兜球处，碰撞后迅速后退，继续寻找其他网兜球进行碰撞游戏，音乐停止，游戏结束。家长鼓励幼儿选择不同的网兜球大胆地用身体的各部位触球，快乐游戏。

活动建议

游戏前家长可带领幼儿玩碰碰车，了解碰碰车相碰后会转弯、后退的特点，为游戏积累知识经验。游戏时家长可调节网兜球绳子的长度，以便幼儿能用身体触碰到。游戏后，家长还可与幼儿讨论设计更多的触碰游戏，帮助幼儿积累球感。

游戏视频二维码

游戏二 伞下顶球

活动目标

在亲子互动中学习头部顶球动作，体验足球游戏的快乐。

活动准备

瑜伽球、网兜球、足球各若干，大、小彩虹伞若干。

活动过程

1. "顶球"游戏：家长持网兜球置于幼儿头顶，鼓励幼儿跳跃，尝试用头顶球。

2. "彩虹伞"游戏：几个家庭一起玩游戏。当家长抖动彩虹伞时幼儿进入伞下，当家长停止抖动时幼儿钻出伞。

3. "伞下顶球"游戏。

（1）伞下顶瑜伽球：在彩虹伞上放置瑜伽球，家长抖动彩虹伞，幼儿进入伞下，尝试通过跳跃顶球，将球顶出伞外。提醒家长用语言鼓励幼儿大胆尝试，以获得成功。

（2）伞下顶足球：用足球替换瑜伽球，家长引导幼儿判断球的位置，尝试将足球顶出伞外。提醒家长根据幼儿顶球情况调整彩虹伞高度，逐渐增加顶球难度。

活动建议

游戏初期，因球类玩具比较容易滚动，可用纸盒等物品代替球进行练习，熟悉后再改为用球类进行练习。家长与幼儿在家可设计更多有趣的顶球游戏，变换球的种类、大小、轻重、高低等，增加挑战性。

活动目标

1. 学习双腿屈伸夹球，增强下肢力量。
2. 在亲子合作比赛中萌发初步的竞争意识。

1. 足球、呼啦圈若干。

2. 创设"蚂蚁家"场景，并用箩筐或轮胎布置成"蚁洞"。

活动过程

1. "蚂蚁搬豆"游戏。

（1）家长将蚂蚁洞（用箩筐布置）里的球双手传给幼儿，幼儿双手撑地，双腿屈伸，双脚夹住球放入另一个蚂蚁洞。提醒幼儿夹紧球，使球不掉落。

（2）家长用双脚将蚂蚁洞的球夹给幼儿，幼儿用双脚夹球动作接住球放入另一个蚂蚁洞中。引导家长调整传球高度、角度，不断提升幼儿接球难度。

2. 合作"搬豆"游戏：几个家庭合作，家长与幼儿（4人一组）合作玩"搬豆"游戏。在同样时间内比比看哪一组传得又快又好。提醒幼儿双脚夹紧球，通过上下左右摆动来调整夹球的角度，使球不掉落。

3. "蚂蚁搬豆"接力赛：几个家庭为一组，开展"蚂蚁搬豆"接力比赛。家长抱起幼儿，让幼儿双脚夹球，将球夹至蚂蚁洞内，完成后举手示意，下一组家庭接力进行，速度最快的一组为胜。教师提醒亲子互相配合好，控制好夹球角度和力度，搬豆完毕须举手示意。

🖊 活动建议

游戏初期可选择毛绒玩具进行双脚夹物训练，毛绒玩具可从大到小选择，逐步增加难度，提高幼儿动作的灵敏性，待幼儿动作熟练后更换为足球，循序渐进地进行力量控制方面的练习。

游戏四  寻找宝藏

🖊 活动目标

1. 在亲子游戏中学习向前推球到指定位置。
2. 懂得寻宝的游戏规则，能按规则与家长一同游戏。

🖊 活动准备

1. 足球若干、标志桶若干、玩具等小礼物若干。
2. 创设"森林"场景。

🖊 活动过程

1. 引导幼儿观察寻宝路线，激发幼儿与家长寻找宝藏的兴趣。
2. 家长引导幼儿学习用脚向前推球到指定位置。
3. 亲子合作寻找宝藏的游戏：家长与幼儿选择好寻宝路线，家长推球停好后，指导和帮助幼儿沿路线继续推球。到达指定位置后打开标志桶寻找宝藏（其中一个标志桶里面藏有玩具）。

4."寻找宝藏家庭 PK 赛"：引导几个家庭自由组合为若干组寻宝团进行寻宝游戏，在规定时间内找到宝藏最多的团队为胜。家长提醒幼儿向前推球到指定位置。

5.圆圈上的集体寻宝游戏：以集体寻宝的游戏形式巩固脚部向前推球动作。引导家长将宝藏摆成小圆圈，幼儿围成大圆圈，以向圈内推球到宝藏处的方式进行寻宝游戏。

活动建议

家长注意营造游戏氛围，应选择幼儿感兴趣的小礼物藏于标志桶内作为宝藏，激发幼儿的活动积极性。游戏初期可用其他大球代替足球，循序渐进。幼儿熟练玩法后，家长可增加寻找宝藏的路线，增加球与宝藏之间的距离等来提高难度。

中班亲子游戏

游戏一 包饺子

活动目标

1. 能用身体各部位夹球侧步走。
2. 感受与家长合作玩球的乐趣。

活动准备

1. 足球若干。
2. 创设"小兔的家"场景。

活动过程

1. 引导家长和幼儿尝试用身体动作模拟"包饺子",面对面两手臂当成饺子皮,扣在一起。

2. 创设"给饺子加馅"的游戏情境,亲子合作尝试正面夹球侧步走。提醒家长和幼儿抬头挺胸,同时侧步走,不要让球掉落。

3. 玩花样"包饺子"游戏,提高游戏难度。亲子合作尝试额头夹球、后背夹球侧步走。提醒家长与幼儿配合好,不让球掉落。

4. "请小兔吃饺子"游戏:亲子合作自由选择身体部位夹球,侧步走至"小兔的家",请小兔吃饺子。

活动建议

家长可创设多种小动物家的场景,增加活动趣味性。夹球行进走保持不掉球有一定难度,需要家长与幼儿双方配合默契,家长可启发幼儿通过自己的方式,如喊口令"前—后—前—后"、模拟声效"动—次—动—次"等方法保持相同的行走节奏。建议在幼儿园户外活动或者离园后的空余时间练习亲子夹球侧步走,提高练习的频率。还可将数学游戏融入活动,如:创设圆形、正方形、三角形的饺子盘,将饺子送到指定的盘里。

游戏二 袋鼠一家去旅游

活动目标

1. 巩固双脚夹球跳动作,训练平衡、协调能力。
2. 体验成功的满足感,对足球活动产生浓厚的兴趣。

活动准备

1. 足球若干,袋鼠妈妈、小袋鼠头饰若干。
2. 创设"高山""大海""花园""森林"等场景做旅游目的地。

活动过程

1. 家长扮演袋鼠妈妈,幼儿扮演袋鼠宝宝,一起配合学习协调地双脚跳跃。

2. 袋鼠双脚夹球跳练习,以"带上足球去旅行"的游戏形式学习双脚夹球跳。家长示范原地双脚夹球跳,鼓励幼

儿大胆尝试。

3. "带上足球去旅行"游戏。

（1）袋鼠宝宝去旅行：引导幼儿选择喜欢的旅游目的地，带上足球去旅游。家长示范双脚夹球跳到目的地，鼓励幼儿大胆尝试，跳至家长身边。家长根据幼儿动作完成情况给予指导，提醒夹好球不掉落。

（2）袋鼠一家去旅游：共同选择旅游目的地，幼儿与家长一前一后做亲子跳，协调动作，共同配合，幼儿双脚夹球跳至目的地。提醒幼儿双脚内侧夹紧球使其不掉落。

4. "袋鼠亲子跳PK赛"：几个家庭组合在一起做游戏。提醒袋鼠们听信号从起点跳到终点，中途不掉球，最先到达旅游目的地的家庭为胜。

📝 **活动建议**

熟悉游戏玩法后，家长可引导幼儿想象变化情节，通过在旅游的路上增加路障（爬过山坡、绕过小河等）、改变路线等方式增加游戏的挑战性。在日常生活中家长还可引导幼儿变化角色，玩"青蛙跳""小兔跳"等不同的游戏，增加游戏的趣味性与多样性。

游戏视频二维码

游戏三 快乐保龄球

活动目标

懂得运用脚背踢球击中目标物。

活动准备

保龄球瓶、足球若干，记分牌1个，球门2个。

活动过程

1. 家长与幼儿玩保龄球游戏，家长将保龄球瓶方阵摆好，引导幼儿用手扔球击中目标。

2. 迁移经验，手扔球改为脚踢球游戏。家长将保龄球方阵摆好，提醒幼儿脚背发力踢球，踢中目标。

3. 家长通过调整保龄球瓶的间距、增加保龄球瓶的数量、增加射程等提升游戏难度，鼓励幼儿踢中目标。启发幼儿思考怎样踢球才能使保龄球瓶倒得更多，引导幼儿从瞄准方向、脚背发力点等方面寻找最佳踢球方式。

4. 亲子保龄球比赛：家长与幼儿分成两组进行踢球比赛，在规定使用的球数内，命中率高的家庭获胜。家长引导幼儿用记分牌形式统计分数。

活动建议

家长可根据家庭实际情况，用矿泉水瓶或其他物品替换保龄球瓶，引导幼儿在活动中发散思维，进行科学领域的整合，如：统计击中物品的数量；给矿泉水瓶装不同高低的水，进行排序；把目标物设置为各种不同形状、不同颜色的物品，进行分类；等等。还可迁移游戏经验，如开展"愤怒的小鸟""打倒小怪兽""打大灰狼"等游戏，增加游戏的趣味性。

游戏四　人形盾牌

活动目标

1. 能躲避拦截进行脚弓传接球。
2. 能与同伴友好合作，体验成功的快乐。

活动准备

足球、呼啦圈、记分牌若干。

活动过程

1. 亲子传接球游戏：家长与幼儿两两组合玩传接球游戏。提醒幼儿用脚弓进行传接球。

2.三人组合游戏：引导两名幼儿站在两端，家长当人形盾牌站在中间，手持呼啦圈进行拦截。教师提醒幼儿运用脚弓进行传接球，注意躲避家长的拦截。

3.五人组合游戏：引导幼儿站在正方形四个角进行对角线传接球游戏，家长当人形盾牌站正方形中间，手持呼啦圈进行拦截。

4.传接球比赛：六人一组自由组合，每组选派一名家长当记分员，开展正方形站位传接球比赛，评选"传球大王"。规定时间内能避开拦截，传接球成功率高的小组获胜。

活动建议

游戏中，家长可根据幼儿实际水平，调整正方形的大小。在日常练习中可根据人数改变图形站位，如两点一线传接球、三角形传接球、五角形传接球、圆圈站位传接球等。

大班亲子游戏

 企鹅运输队

活动目标

1. 懂得用双脚脚内侧交替推球前进。
2. 在亲子比赛中培养团体合作精神。

活动准备

1. 足球若干，企鹅头饰若干。
2. 创设"冰川"场景。

活动过程

1. 家长与幼儿扮演企鹅，把企鹅运输球引入活动。家长示范原地脚内侧交替推球，鼓励幼儿大胆尝试。提醒幼儿两脚分开与肩同宽，双脚推球时注意力度，控制好球。

2. 练习面对面推球行进走，提高游戏难度。家长与幼儿面对面站立进行双脚脚内侧交替推球前进活动，一方推球前进时另一方击掌为其助阵。教师提醒幼儿掌握好推球前进的节奏，注意两只脚的连贯衔接。

3."企鹅运输队"接力赛：两个家庭为一组，组成若干组运输队运送足球。每组每个人间隔2.5米进行接力赛，不掉球且先到者为"金牌运输队"。教师提醒幼儿双脚平行开立，起落时协调配合，控球前进。

双脚脚内侧交替推球前进是在原地推球的动作基础上进行的。建议在游戏前，教师先以"拨浪鼓""钟摆"等游戏形式引导幼儿进行原地双脚脚内侧交替推球的练习，积累动作经验。游戏时，家长可用动感音乐或者鼓点声来代替击掌，增加活动气氛。游戏熟练后，教师可启发幼儿创编游戏情节，如钻过山洞、改变运输路线等，增加趣味性与挑战性。

能够运用脚弓踢球精准击中移动中的目标物。

活动准备

1. 足球若干，大鼓一个，猛兽头饰若干。
2. 创设"森林"场景。

活动过程

1. 以"森林围猎"游戏引入活动，开展亲子传接球。引导幼儿以家长的脚为猎物，学习向固定标靶做击准练习。

2. 家长左右移动，提高游戏难度。幼儿以家长的脚为目标，学习向移动中的标靶做击准练习。

3. "森林围猎"游戏。

（1）几个家庭自由组合成若干个圆圈。家长当猎物，幼儿当猎人。鼓声响起，猎物在圈内跳跃，猎人在圈外运球；鼓声停止时，猎人朝猎物的脚部射击。幼儿击中猎物的脚部才算围猎成功。

（2）教师观察幼儿的运球及击中情况调整鼓点的节奏，由易到难，循序渐进地进行游戏。

活动建议

运用脚弓将球击中移动中的目标物对于大班初期的幼儿有一定难度。游戏前期建议先开展一些脚弓击准固定目标物的游戏活动，如挡板回球练习、击球打怪兽练习等，为本次游戏做铺垫。游戏中，射击时射程可根据幼儿能力逐渐调整，循序渐进，逐步提高难度。

游戏视频二维码

游戏三 搬家

活动目标

1. 巩固走动扣球过人动作。

2. 在亲子抢球对抗游戏中，培养敢于争取、勇于挑战的品质。

活动准备

设置四个球门作为家，每个家里有若干个球，记分牌。

活动过程

1. 观察场地布置，以"搬家"游戏引入，激发活动热情。

2. 亲子"搬家"游戏：以球门区为家，家长护球，幼儿抢球。家长鼓励幼儿大胆地抢球，同时注意变向运球，扣球过人，控制好球，并带出球门，这样"搬家"就成功了。

3. 集体"搬家"游戏：自由组队，四个家庭为一组，在场地设置四个家，家长站在自家内守护球，幼儿进入他人家内努力将球运走，家长双手平举、两脚并拢跳进行拦截。幼儿扣球过人，及时绕开家长，将球搬回自己家。教师启发幼儿思考：运球时如何躲开家长的干扰？让幼儿懂得变向运球。

4. "搬家"大赛：在固定时间内（计时3分钟），抢球数量最多的家庭胜出。教师以记分牌形式为各组统计分数。

亲子足球游戏

📝 **活动建议**

根据幼儿的游戏情况，家长可适当增减护球的力度，调整对幼儿运球的拦截与干扰程度，逐步提高游戏的挑战性。熟悉游戏后，可逐步过渡到三对三、四对四的足球对抗游戏，最后过渡到五人制的幼儿足球赛。

游戏四 闯关过龙门

📝 **活动目标**

1. 懂得精准传接球并观察中间障碍物的变化。
2. 能专注于合作游戏，乐于迎接挑战。

📝 **活动准备**

1. 足球若干，大、小拱门若干，口哨一个，小鲤鱼和龙门头饰若干。
2. 创设"大海"场景。

活动过程

1. 第一关：固定拱门龙门关。创设固定拱门为龙门，亲子进行过拱门面对面传接球游戏。提醒幼儿传球时球必须通过拱门。

2. 第二关：小拱门龙门关。拱门变小，提高游戏难度。提醒幼儿瞄准拱门进行传接球。

3. 第三关：三人组合闯关。两名幼儿面对面站位，家长站中间双脚开合跳当活动龙门，幼儿伺机瞄准，通过龙门传球给对面幼儿，球过龙门则闯关成功。

4. 第四关：多人组合，连环闯关。家庭自由组合为若干组，每组家长当龙门，幼儿站于龙门间进行面对面传接球，球到达终点线为闯关成功。提醒家长要不断做开合跳，龙门

不能静止，未通过龙门的球必须由家长踢回，重新传。

活动建议

建议在日常户外活动中，家长经常与幼儿玩两人传接球游戏，引导幼儿判断来球的方向，积累传接球经验。教师也可在幼儿园户外活动中引导幼儿根据同伴数量灵活组合开展闯关游戏，并启发幼儿想象、创设不同的开合龙门，如变化开合跳的花样、想象并尝试用身体各部位当成龙门等等，增加游戏的趣味性与挑战性。

图书在版编目（CIP）数据

幼儿园足球游戏的设计与组织/郭冰清主编.—福州：福建教育出版社，2020.9（2022.4重印）
ISBN 978-7-5334-8849-9

Ⅰ.①幼… Ⅱ.①郭… Ⅲ.①足球运动－学前教育－教学参考资料 Ⅳ.①G613.7

中国版本图书馆CIP数据核字（2020）第154068号

You'eryuan Zuqiu Youxi De Sheji Yu Zuzhi
幼儿园足球游戏的设计与组织
郭冰清 主编

出版发行	福建教育出版社
	（福州市梦山路27号 邮编：350025 网址：www.fep.com.cn）
	编辑部电话：0591-83726147 83786912
	发行部电话：0591-83721876 83727027 83726921）
出 版 人	江金辉
印 刷	福建新华联合印务集团有限公司
	（福州市晋安区后屿路6号 邮编：350014）
开 本	710毫米×1000毫米 1/16
印 张	10.5
字 数	160千字
版 次	2020年9月第1版 2022年4月第3次印刷
书 号	ISBN 978-7-5334-8849-9
定 价	35.00元

如发现本书印装质量问题，请向本社出版科（电话：0591-83726019）调换。